隐蔽战线春秋书系·传记卷

潘汉年的情报生涯

尹骐◎著

中共党史出版社

图书在版编目（CIP）数据

潘汉年的情报生涯 / 尹骐著 .—北京：中共党史出版社，2018.4
（2025.2 重印）
（隐蔽战线春秋书系 . 传记卷）
ISBN 978-7-5098-4588-2

Ⅰ . ①潘… Ⅱ . ①尹… Ⅲ . ①潘汉年（1906—1977）—传记
Ⅳ . ① K827=7

中国版本图书馆 CIP 数据核字（2018）第 046351 号

书　　名：潘汉年的情报生涯
作　　者：尹骐

出版发行：中共党史出版社
责任编辑：姚建萍　王媛
责任校对：龚秀华
责任印制：谷智宇
社　　址：北京市海淀区芙蓉里南街 6 号院 1 号楼　**邮编：**100080
网　　址：www.dscbs.com
经　　销：新华书店
印　　刷：北京盛通印刷股份有限公司
开　　本：710mm × 1000mm　1/16
字　　数：190 千字
印　　张：12.75
版　　次：2018 年 4 月第 1 版
印　　次：2025 年 2 月第 5 次印刷
书　　号：ISBN　978-7-5098-4588-2
定　　价：28.00 元

此书如有印装质量问题，请联系中共党史出版社读者服务部 电话：010-83072535

潘汉年（1906—1977）

‖ 丛书前言 ‖

章百家

中国共产党领导的新民主主义革命，既有公开战场的博弈，又有隐蔽战线的较量。公开战场和隐蔽战线相互配合，相互支持，相得益彰，奏响了中国革命的一曲曲凯歌。正如毛泽东指出的：要战胜敌人必须打两种战争，一种是公开战争，一种是隐蔽战争。隐蔽战争有战略进攻，派人打入敌人的内心；也有战略防御，保卫自己。要打败敌人须内外夹攻，所以两者都有同样的意义。

党的隐蔽战线随着党的发展而发展，随着党的壮大而壮大。在白色恐怖笼罩的危急关头，周恩来领导创建了党的第一个专门情报保卫机构——中央特科，培养和造就了一批隐蔽战线的杰出领导人和业务骨干，为保卫党中央机关和领导人的安全作出了特殊贡献。中央苏区时期，在中央和各主要苏区创立的政治保卫工作，对配合苏区工农红军粉碎敌人的“围剿”，发展和巩固苏维埃政权，纯洁红军队伍作出了特殊贡献。长征途中，红军情报侦察部门及时获取敌人往来的电报，使中央指挥机关能够及时了解敌人的军事行动部署，避实就虚，屡出奇兵，摆脱围追堵截，胜利实现了伟大战略转移。红军到达陕北后，在争取西安事变和平解决，促成抗日民族统一战线形成的过程中，隐蔽战线发挥了关键作用。抗日战争时期，中央先后成立了中央社会部和中央情报部，隐蔽战线斗争进入了专业化的成熟期。我情工人员深入日伪党政机构，获取了日伪大量军政战略情报和国民党消极抗日积极反共的情报，对配合抗日战争的胜利起了重要作用。解放战争时期，我党我军的情报保卫工作得到了更加深入广泛的发展。我情工人员深入到国民党机密决策指挥机关内，及时准确地供给了党中央和军委及各地区战略性和动向性的重要军政情报，为中央制定解放战争的战略方针提供了重要依据，使我军在解放战争中对敌人的主要情况了如指掌，始终掌握了战争的主动权。毛泽东评价这个时期“我们的情报工作是最成功的”。

艰苦卓绝的隐蔽战线斗争造就了一大批无名英雄。他们有的大智大勇，运筹帷幄，决胜千里；有的深入虎穴，与敌周旋，获取情报；有的舍生取义，面对严刑，视死如归；有的潜伏敌营，长期经营，率部起义；有的忠诚可靠，周密安排，确保党中央安全；有的巧妙应对，冲破封锁，保证交通线畅通。一代代无名英雄赤胆忠心，赴汤蹈火，用忠诚与信仰铸就了中华民族的无名丰碑；一个个共产党人不忘初心，牢记使命，用热血和生命锤炼出薪火相传的红色基因。他们在斗争中表现出了坚定的革命理想信念、大无畏的革命英雄主义精神、敢于斗争敢于胜利的英雄气概、高超灵活的对敌斗争艺术、艰苦奋斗和严谨细致的工作作风、甘于无名甘于奉献的高尚情操，这些凝聚成了隐蔽战线精神特质：胜而不骄，败而不馁，受气不叫，有苦不说，舍己救人，冒险犯难，埋头苦干。

毛泽东曾经说过：今后革命胜利了应该给我们情报战线的无名英雄们发一个大大的奖章。很多无名英雄没能盼来这枚奖章就早早地离开了我们。他们的名字无人知晓，但他们的功绩永世长存！徐向前曾指出：“我们的党史、军史有一个重大缺陷，就是对情报工作反映不够。”近年来，可以看到一些公开出版的反映隐蔽战线的史料、传记，但总的来说还不是很丰富，与隐蔽战线建立的功勋还不相称。这套《隐蔽战线春秋书系》分“传记卷”、“回忆录卷”和“史述卷”，比较全面地反映了隐蔽战线的历史和无名英雄的精神。既是对老一辈隐蔽战线英雄的深切怀念和告慰，也可以作为新时代国安干警的教育读本，让一代新人了解历史，传承基因，所以是很有价值的。

（作者为中国中共党史人物研究会副会长）

‖ 引子 ‖

“现在的年轻人，提起戴笠几乎没有人不知道。但是，我们的潘汉年同志，还有其他一些在隐蔽战线上功绩卓著的同志，却很少有人知道，甚至完全不知道。也就是现在有些年轻人说的，只知道戴雨农（戴笠），不知道李克农。这是不应该的。我们应该宣传我们自己在隐蔽战线上曾经作出过重大贡献的革命前辈。潘汉年同志就是其中的一位杰出代表。”

这是1996年年初在北京举行的一次重要集会上，一位曾经在中央某部担任领导职务的老同志发言中所说的一段话。

这位老同志这样说，当然并不是要把戴笠这个中国现代史上的特务魔头拿来和我们的革命家潘汉年相提并论，而只是有感于我们的宣传界和出版界在向当代青年介绍历史人物的某种偏颇和不正常的现象。因为众所周知，一部中国现代史的核心内容，就是中国共产党和中国国民党的斗争史。这是一部尖锐、复杂、激烈而又漫长的斗争史。斗争的最后结果，是国民党的彻底失败和共产党的完全胜利，这也早已被载入了史册。在这场国共两党的长期斗争中，情报和特工战线无疑是一个重要组成部分。而在这条隐蔽战线的斗争中，最后胜负的归属也早已是尽人皆知了。但是，多年来，尤其是在实行开放政策以后的十多年来，作为败军之将的戴笠、徐恩曾、毛人凤等，都成了介绍宣扬的热点人物，尤以戴笠这个双手沾满了革命者鲜血的历史罪人为甚。而反观作为胜利之师的我们在这条战线上的重要人物如李克农、潘汉年、刘少文等，他们的革命经历及其辉煌的功绩，却一直极少张扬，鲜为人知。这不能不说是一种令人遗憾的历史的不公正和现实的不正常现象。

造成这种不公正和不正常的现象，原因当然是多方面的。但主要原因有两个：一个是，我们在隐蔽战线上的斗争史实和相关资料，一直有严格的保密要求。保密，当然是必要的。但与此有关的制度、法规以及实施细则，却一直并不健全，很不完善，实际掌握和操作起来，便往往有很大的弹性、伸缩性，甚至是随意性。人们为减少麻烦和保险起见，这一领域几乎就成了不便涉猎的“禁区”，即使有人“冒险”去搞了，也难以顺利推出，而往往胎死于腹中。另一个原因是，隐蔽战线上的许多革命功臣与英雄人物，在经历了长期复杂艰险的斗争之后，尤其是在革命取得了胜利之后，却不幸在自己内部的各种政治运动中，诸如整风、审干、肃反、反右派斗争扩大化、“文化大革命”等一系列运动中，受到了怀疑、排斥、打击，以至诬蔑和陷害。在日渐严重的“左”的思潮影响下，当年这些同志为了斗争的需要而必须和敌人有所接触、有所交往、反复周旋，以及深入龙潭虎穴，“与魔鬼打交道”的各种革命行动和英雄行为，往往却成了“叛徒”、“特务”和“内奸”嫌疑的证据。这真是所谓的是非颠倒、黑白混淆。潘汉年就是这样一位在隐蔽战线上曾经屡建卓著功勋，而在解放后的内部肃反运动中被诬陷为“内奸”、“反革命”的代表人物。由于潘汉年曾经是中共隐蔽战线的一位重要领导人，他的所谓“内奸”、“反革命”罪名一经成立，同时也就株连了一大批也在隐蔽战线上工作的战友和部下。于是，潘汉年以及和他类似的一大批受到打击和诬陷的人们，他们在隐蔽战线上的全部斗争业绩，便长期被排除在传媒和出版物的介绍宣传之外了。

潘汉年，1906 年出生。1925 年参加革命，1926 年加入中国共产党。曾经是一位知名的左翼作家和文化战线上的重要领导人。从 1931 年起，他服从革命斗争需要，转入了对敌斗争的隐蔽战线，在民主革命时期先后担任过中共中央保卫机关——中央特科情报科长、中央社会部分管情报工作的副部长、中共华中局情报部长、中共华南分局和中共香港工委主管情报工作的负责人等高级职务。他长期战斗在敌人统治森严的后方，出生入死，英勇奋斗，屡建奇功，为中共领导的革命大业作出了卓越的贡献。他同时还在党的统一战线工作中作出过出色的贡献。从20世纪20年代末到50年代初，他在党内外乃至国内外，都是一位很有名气的人物。然而谁也没有想到，就在解放后，在他担任上海市常务副市长，协助陈毅兢兢业业、全心全意为改造旧上海和建设新上海而努力工作，并且取得了卓越成绩之际，突然祸从天降，在1955年的内部肃反运动中，以强加的“内奸”和“反革命”罪名被捕入狱。然后就是无休止的审讯、调查，长期的关押。由于毛泽东先后两次在中央高层会议上（1956年4月的中央政治局扩大会议，1962年1月的中央七千人大会）亲自点名给潘汉年定性定罪，1963年1月他被司法机关判处15年徒刑。1970年又由中央文革专案组改判为无期徒刑（连司法手续也未办）。直到1977年4月，病逝于湖南的一个劳改农场。他被整整关押了22年。

然而这却是一起重大的政治冤案。1982年8月，在中共十一届三中全会的思想路线指引下，潘汉年的冤案终于得到了彻底平反。并且对他作出了高度的评价，称“他是一个坚定的马克思主义者，卓越的无产阶级革命战士，久经考验的优秀共产党员，在政治上对党忠诚，为党和人民的事业作出了重要贡献”。

潘汉年的冤案虽然已经平反多年，但是关于他的一生的丰富革命斗争经历以及蒙冤受难的种种具体情况，却仍然一直鲜为人知。其原因是：既有前面提到的属于保密方面的考虑，也有属于某些需要避讳的考虑。因为冤案的发生无疑是属于历史的“阴暗面”。

总而言之，由于上述种种可以理解和难以理解的原因，我们在隐蔽战线上曾经英勇战斗过的许多革命前辈的历史业绩，在今天的各种传媒载体中就显得十分的稀少，甚至是大量的空白。看看书市上大量反映戴笠其人其事读物的存在，我们就不能不感到遗憾，感到对革命前辈的内疚，感到某种的失职。

历史的步伐不停地前进，现在已经是21世纪了。革命前辈们在隐蔽战线上的斗争事迹，包括他们所遭遇的许多冤案，距今都已过去了近半个世纪。有关方面对于保密的要求，也已有了一定程度的放宽。无须回避所谓的“历史阴暗面”，已成了人们的普遍共识。既然如此，我们就应该认真贯彻十一届三中全会所确定的“解放思想，实事求是”的思想路线，努力把隐蔽战线上革命前辈们的历史业绩再现出来，使之广为传扬，重放光彩。这既是我们义不容辞的责任，也是我们对现代青年进行爱国主义教育和革命传统教育内容的一部分。

《潘汉年的情报生涯》就是为此而推出的一本历史纪实性的读物。

目录

上篇

初显身手

第一章　危急时刻　出任中央特科情报科长

1931年的春天，对于中国共产党人来说，实在是一个多事的、艰难的、危机迭起的严峻时刻。

新年伊始，共产国际（第三国际）东方部副部长、“钦差大臣”米夫便用秘密串联和突然袭击的手段主持召开中国共产党六届四中全会。此次会议是在很不正常的情况下进行的：召开会议的通知既不说明会议的性质，又限定必须在1月7日这一天结束会议，以致与会者大都以为是一次临时性的紧急的中央工作会议而并没有出席中央全会的思想准备；到会的中央委员人数也不是法定的半数以上（50多位中委只有22位出席）。会议的操纵者还非法地临时决定让不是中央委员的一批与会者享有表决权。此次中央全会的唯一实质性的目的其实只有一个，就是让米夫的忠实追随者陈绍禹（王明）等人夺取中共中央的领导权，把原先不怎么听话的一些中共中央领导人赶下台。结果经过整整一天（15个小时）的激烈较量，米夫及其追随者们如愿以偿，王明这位唯米夫之命是从、原来连中央候补委员都不是的党棍式的人物成了中共实际上的第一号领导人物。由此开始了长达四年之久，给中共的生存与发展带来了毁灭性打击的第三次“左”倾路线的统治。

六届四中全会勉强通过决议的第二天，即1月8日，以罗章龙为首的中共中央部分领导成员就召开了一个“反对四中全会”的会议。要求共产国际另派代表来华指导中共的工作，另行成立中央。中共陷入了分裂的危机。

九天之后，即1月17日。一批著名的共产党人正在东方旅社集会时，突然遭到了国民党特务机关的袭击，当场就有36人被捕，其中最重要的人物何孟雄就是反对四中全会，反对米夫和王明的代表人物之一。东方旅社事件的发生，至今也一直是历史学家们仍未解开的谜：国民党特务是怎样掌握了这一秘密集会消息的呢？都说是“叛徒”告密的结果，但告密者究竟是为了保全自己邀功请赏，还是出于宗派主义争权夺利排除异己的目的？众说纷纭，迄今似乎尚无定论。

严酷的事实是：20天之后，即2月7日，东方旅社被捕的36人中有24人被秘密杀害。其中不仅有所谓闹分裂的领头人之一何孟雄，还有著名的左联五烈士李求实、柔石、殷夫、胡也频、冯铿等为鲁迅所痛惜的文化精英人物。东方旅社事件及其24名被捕者的被杀害，对中共无疑是又一个沉重的打击。

但是，对中共的一个更大的打击，还是在4月下旬及其之后的一段惊心动魄、险象环生的时刻。

4月24日，中共中央最高保卫机关——中央特科负责人、中共中央政治局候补委员顾顺章在汉口被国民党中央组织部调查科（“中统”前身）的特务所捕获。这位工人出身，1925年就加入中国共产党、曾经在莫斯科受过专门培训、在1927年上海工人武装起义时担任过工人纠察队总指挥、被认为是精明强干的中共领导人物，被捕后未经任何严刑逼供，就叛变投敌，并决心用出卖共产党的大量核心机密来换取国民党政府对他的重用和奖赏。

多亏周恩来的远见卓识，早在两年前就已经部署了一项对付当时国民党唯一的特工机关“中央组织部调查科”的措施：派遣情报干部秘密打入了调查科的内部。顾顺章被捕叛变投敌的消息，就是由打入调查科内部并担任调查科科长徐恩曾机要秘书的钱壮飞，抢在敌特机关行动之前将这一绝密情报送到了中共中央特科，从而为中共中央采取反措施赢得了必要的时间，这才避免了国民党特工机关和顾顺章联手“一举摧毁”中共中央机关和“一网打尽”中共中央主要领导人的图谋。当徐恩曾亲率他的两位高级助手张冲和顾建中赶到上海，按照顾顺章提供的一长串的重要机密地址突然搜捕时，中共中央的重要机关和中央一批重要领导人物的住所早已人去楼空。在周恩来的亲自策划下，中共中央重要机关和中共中央主要领导人的住所，都已抢在徐恩曾的前面撤退转移了。

顾顺章的叛变，对于中共中央领导机关确实是一个严重打击。其破坏性的程度远远超过了比顾顺章晚57天，即6月22日中共中央总书记向忠发的被捕与叛变。原因在于，向忠发只是一个挂名的总书记，并没有掌握多少实权。他所知道的核心机密也有限。处理向忠发被捕叛变后的善后事宜相对来说比较容易，和向忠发有直接联系的人转移一下就行了。而顾顺章却是一个握有很大实权、掌握着中共中央最多核心机密的中央特科的主要负责人。精明过人，素以沉着冷静著称的周恩来在听到顾顺章被捕叛变的消息后，着实感到震惊和愤慨，并且据说是“痛苦万状地叹了口气”。

周恩来的震惊和痛惜，大抵包含了两层意思：一是，顾顺章原是南洋烟草公司的产业工人，经过中共的长期培养，又经过三次武装起义和四一二反革命政变的严峻考验。这几年一直受到周恩来的重用并已成为他的一位重要的助手。顾的叛变首先是对周恩来个人的一个打击。二是，中共中央最高保卫机关——中央特科自1927年11月建立以来，经过三年多时间的艰巨努力和磨砺，好不容易地形成了现在这样较为完备的规模，并且正在发挥着越来越有力的作用。现在，由于它的实际负责人顾顺章的叛变，特科组织可以说是面临瓦解的局面：原有机构的所有重要干部及其活动场所乃至活动的方式都必须立即进行重大的调整与重新部署。鉴于顾顺章的教训，此后在用人和工作方法上都必须有一些新的思路，采取若干新的措施，以便使中央特科这个中国式的“契卡”——中共中央机关的一只“铁拳头”能够在短期内恢复活力、正常运转并发挥更大作用。

陈　云

1931年5月，在顾顺章事件发生后的很短时间内，经过周恩来的周密策划与安排，新的中央特科机构迅速改组重建，并立即投入了工作。

改组后的中央特科任务未变，仍以“保证中共中央领导机关的安全，收集掌握情报，镇压叛徒，营救被捕同志，建立秘密电台”（《周恩来年谱》，中央文献出版社1988年版）等为其主要职责。但它的领导力量却是更加充实和加强了。在周恩来的直接指导下，建立了一个新的领导集体：原担任中共江苏省委书记的陈云、原担任中央组织部部长的赵容（康生）、原担任中共江苏省委宣传部部长的潘汉年三人被挑选担任了特科的第一、二、三把手。特科总部下设四科：第一科为总务科，负责财政、交通以及营救、安抚等项工作，科长由陈云兼任；二科为情报科，负责情报、侦查、反间谍等任务，科长由潘汉年兼任；三科为行动科，又称红队，负责镇压叛徒和除奸任务，科长由康生兼任；四科为通讯科，负责电讯联络任务，科长仍由李强担任。

在这个新组建的特科领导班子中，陈云的资历最老、实际斗争经验也最丰富。他长期从事工人运动和党的组织工作，当时已是中央委员，调他出任特科的主要领导无疑是很合适的。康生出身于中共实际控制的上海大学。1925年起就担任中共沪东区委书记、中共江苏省委组织部秘书等职，并且显示了很强的组织工作能力。当时已是中央组织部长。他被选调到中央特科参与领导工作，并兼管红队，也是顺理成章的。唯有潘汉年被选调到中央特科参与领导班子工作多少有点令人（也使他自己）感到意外。

潘汉年是个文化人，是个书生。他1906年出生于江苏宜兴县陆平村一个已经衰落了的书香世家。自幼聪明好学，学业长进很快。16岁初中尚未毕业，因家庭经济窘迫便辍学从事小学教育工作，先后在家乡和县城的几所小学任教。凭着他的聪颖天资和努力勤奋，17岁那年便在宜兴教育界崭露头角，一连在上海《时事新报·学灯》专刊上发表好几篇研讨小学教学方法和小学教科书编辑方针的文章，受到了包括《学灯》主编张东荪等教育界名流的注意。与此同时，由于受五四新文学思潮的影响，他又开始了文学创作的尝试。也是在17岁那年，他在上海《民国日报》和《时事新报》的副刊上陆续发表了新诗、散文和童话作品多篇，表现了他

潘汉年出生的地方——宜兴县陆平村

潘汉年就读的宜兴彭城中学旧貌

潘汉年在中华书局期间撰写的小说

潘汉年的著作

在文学方面的追求与才能。1925年，19岁的潘汉年从家乡宜兴到上海闯世界。起初是在中华书局的《小朋友》编辑部谋生，第二年（1926年）春天便正式加入了著名的文学社团创造社出版部工作，先后参加编辑或主编刊物数种，并在这些刊物上发表了大量尖锐泼辣、战斗色彩很浓的散文与政论文章。从而引起了文坛的注目。在此期间，他因参加中华书局的罢工以及为营救创造社出版部同事被捕所进行的革命实践活动而引起了中共党组织的关注。1926年冬天被吸收加入了中共。1927年春，他受郭沫若、李一氓的邀请，前往南昌参加北伐军，担任国民革命军总政治部办的《革命军日报》主编。大革命失败后，他又回到上海继续从事文学创作和文学刊物的编辑工作。数年之内，主编或与人合编刊物多种，同时发表了散文、小说多篇（部），成了文坛上的一位活跃人物。由于他的思想敏捷，性格开朗，对人直率真诚，在文化界颇有人缘，因而从1928年起就被党组织调到文艺工作的领导岗位上。先是到中共江苏省委宣传部担任文化党组书记，后又调中共中

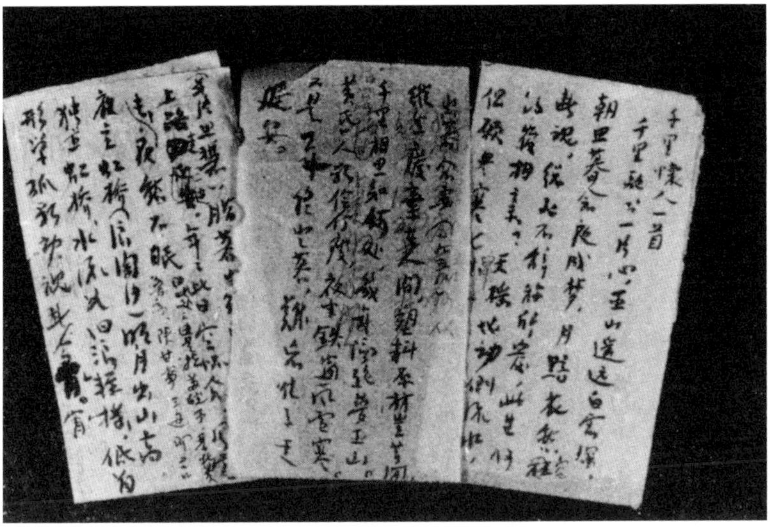

潘汉年所作《千里怀人》一诗手迹

央宣传部担任文化工作委员会（简称“文委”）书记。挑起了团结党内外进步文化人、积极推进革命文学运动发展的重担。1929年，他又根据中共中央的指示精神，为消除创造社、太阳社和鲁迅、茅盾之间因开展革命文学口号的论争而引起的矛盾与隔阂做了大量工作，从而促进了整个左翼文学运动队伍的团结和联合，终于在1930年的春季和夏季建立了中国左翼作家联盟组织及其一系列分支机构。此后，他又代表中共参加发起并组织了其他许多的如“社会科学家联盟”、“自由大同盟”、“反帝大同盟”等著名团体。1931年年初，他被调任中共江苏省委宣传部长。

总之，潘汉年在进入中央特科之前，一直是个文化人。其活动范围基本上限于文化艺术界和宣传工作领域。工作的性质与工作环境使他养成了许多文化人的品格特点与精神风貌。

但是，当组织上调他进入中央特科这个充满神秘色彩的保卫机构工作时，却向他提出了一些先前不曾有过的特殊要求：要求他对特科的组织机构和所有各项活动的内容严格保守秘密，不得向特科以外的包括自己亲属在内的任何人泄露；要求他把自己真正隐蔽起来，切断和外界一切联系，首先是切断和那些半公开的左翼文化团体的联系，自己的住处和行踪都要保密；还要求他尽量不要抛头露面，最大限度地减少与过去朋友们的往来。如果在某些场合不可避免地和过去的熟人碰见时，就要把自己的面目尽量扮演得灰色一些，给人以不明究竟和已经落伍了的印象，等等。

从潘汉年的个性与内心愿望来说，他对于上述这些特殊的要求是并不乐于接受的。他在文化人的圈子里活动多年，相对而言是自由随便惯了。他既擅长交际，朋友也自然很多。现在要求他一下子就完全改变习惯，甚至改变性格，自然是极难的。但是，作为一个共产党员，一个许下过要为党而献身誓言的革命者，又是处在那样一种敌我斗争极其尖锐残酷的环境里，他对于组织上交给自己的工作任务以及相应提出的那些特殊要求，已经没有选择的余地了。于是，服从革命需要，服从党的要求，成了他的思想支柱和行动指针。他立即走马上任，成了中共最早的特工机构的领导成员之一。

1931年五六月间，当潘汉年离开文化宣传工作岗位转入中央特科之后，他在朋友众多的文化界一下子就销声匿迹了。他原先的那些朋友和同志们再也难得见到他。就像他的老朋友、和他曾经同在一个支部里活动过的著名作家楼适夷所描述的那样：那时“汉年已是一个完全的地下工作者，再没有地方去找他聊天了。但有时会偶然碰到，笑笑，点点头，三言两语。如果是在马路上，则大家不理，也不知他在干什么。总之，是很机密的”。

青年时期的潘汉年

新建的中央特科总部办公地点，设在当时的五马路（今广东路）的一个写字间。以一家煤球制造厂的名义作掩护。为了符合实际，真正起到掩护作用，由潘汉年出面在中山路找了一处厂基，并购买了机器设备，组织煤球生产。每天上午，陈云、康生、潘汉年以及总部秘书李德钊到总部办公室碰头汇报和决定日常工作。

潘汉年领导的二科，另在北京路的一个弄堂内设立一个办公处。潘汉年和他的主要助手欧阳新每天下午到这里来碰头。二科的其他成员可以和这里通电话联系，但一般不能直接到这里来见面。即使是通电话，也必须按约定的化名、暗号进行，不准在电话中公开谈工作。电话内容仅限于联络、报警、约定见面时间、地点等。

为了有利于开展工作，中央特科采取了一系列的严格的安全防范措施。所有办公地点以及每个工作人员的家庭住址，都设有警号。以示安全与否，每次进入都必须先看警号。同时，每个人的住处都严格限制来往人员，非指定人员都不能让其知道地址。这样做，既可以缩小可能被破坏的范围，又可以预知因一处被破坏而牵涉的限定范围之内的来往人员。为了联系，也为了掩人耳目，以及一旦出现意外时有较多的回旋余地，每个工作人员都有化名、代号，并且不时地变换。潘汉年在长期的情报生涯中，先后用过好几个化名，如萧叔安、严陵、胡越明等，代号却只用了“小开”一个。小开，是江、浙、沪地方的一种习惯称呼，意思是指小老板、阔少爷之类。潘汉年进入中央特科时，年方25岁，年轻体面，风度翩翩，故以此代号称之。

潘汉年到任之后，首先是和他的前任、原情报科长陈赓办理接交手续。陈赓是黄埔的高材生，因在战场上救过蒋介石一命而受到蒋的格外器重。但陈赓信仰共产主义矢志不移，因而更受周恩来的赞赏。他在担任中央特科情报科长期间，作出过许多出色的成绩。只因顾顺章的叛变，他无法再待在上海了。潘汉年和陈赓交接工作进行得很顺利。其主要内容就是由陈赓将他原来所管理的若干情报人事关系一一移交给潘汉年，并且对这些关系人的情况做了必要的和简要的介绍。

在陈赓移交的这些情报关系中，有两个比较特殊的人物很引人注目：一个是杨度，就是大名鼎鼎的曾经带头拥护袁世凯复辟帝制的所谓“筹安会”六君子之一的人物。此公当时正赋闲在上海，公开的身份则是著名帮会头目杜月笙的高级幕僚。另一个人物叫焦铠，此人原是洪帮头子杨广山的徒弟。他自己在当时的法租界地区的饭馆、茶楼、浴室等社会底层又收了一大帮徒弟，颇有些势力，公开的职业是律师帮办。这两个特殊人物的关系，使刚刚走上情报工作岗位的潘汉年看到了情报工作的复杂性和特殊性，同时也受到了启迪。

陈赓的移交，虽然给潘汉年的工作提供了一定的基础和一些重要的线索，但潘汉年所面对的毕竟只是一张已经残破的情报关系网。因为一些最重要和最有力的关系，都因顾顺章的叛变投敌而撤退或转移了。潘汉年很清楚自己所面临的困难。陈赓移交的关系已经不能充分担负中央特科所面临的新任务的要求。他必须开辟新的渠道，拓展通向各个方面的情报网络。而要做到这一点，现在又更加困难。因为顾顺章的叛变，使国民党的上层及其特务机关如梦初醒。他们没有料到中共的情报人员竟能轻而易举地打入了他们的上层特务机关，并且能够随时获悉他们的重要机密。他们也没有想到，中共不但成功地让钱壮飞等人打入到他们的内部，而且又能成功地策反、分化了他们的一些重要人物转而为中共服务。例如当时上海公共租界总巡捕房的华人首脑鲍君甫（又名杨登瀛），原本是国民党CC派所看重的人物，后来竟成了中共特科机关的内线。顾顺章的叛变虽因钱壮飞的及时报警而使国民党当局一举摧毁中共领导机关的阴谋破产，但却使国民党当局得到了一个严重教训，使他们由此认识到必须加强其内部的严密防范措施。这是国共双方在隐蔽战线上的破坏与防卫工作的一次重要的历史转折。顾顺章的叛变，不仅是中共保卫工作史上的一次重大挫折，同时使中央特科的工作划出了前后两个不同历史阶段。就情报工作来说，前一阶段是以陈赓为核心领导的，后一阶段的领导重任就历史地落在了潘汉年的肩上。

第二章　以血还血　严惩叛徒特务首恶

这是一个非常的年代。在这个非常的年代里所发生的一些非常的事件，当时就令人惊心动魄，几乎无法接受，后人自然就更加难以理解，乃至不以为然了。然而历史就是那样真实客观地存在着，人们也只有而且必须正视这严峻的一页历史。

1927年，蒋介石领导的国民党右派集团以四一二反革命政变为先导，对共产党人和一切革命志士实行了残酷的屠杀政策，用血雨腥风形容当时的时代氛围是一点也不为过的。数年间，几十万共产党人和革命积极分子惨遭杀害。一大批共产党的优秀人物、堪称民族精英的志士仁人，如李大钊、罗亦农、赵世炎、陈延年、陈乔年、蔡和森、向警予、彭湃、夏明翰、恽代英等等，都先后死于敌人的屠刀之下。这些人中的大多数，都是由于叛徒的出卖而被敌人逮捕后坚贞不屈英勇牺牲的。共产党人为了自身的生存与发展，不得不组织起自己的保卫机关以保卫自己和反击敌人。中央特科的重要任务之一，就是镇压叛徒和打击敌特机关中的首恶分子。以牙还牙，以血还血。用所谓的“红色恐怖”来对付白色恐怖。特科下属的红队，主要就是为执行这一任务而建立的。其队伍的构成，大都从工人中选调的精明干练者并加以专门的训练，在意识和技术上都达到了某种预期的要求。

顾顺章在汉口叛变投敌的消息被特科情报干部钱壮飞密报到上海后，中共中央领导人极为震惊和愤怒。当即召开紧急会议以商讨对策。对策之一，就是中共中央和江苏省委等所有重要机关立即搬迁地点，以免遭顾顺章和国民党敌特机关的袭击破坏。对策之二，就是让顾顺章所熟悉的干部，尤其是一批领导骨干迅速隐蔽、转移、撤离，以免遭敌特毒手。对策之三，就是临时组织一支排除了顾顺章的亲信和好友在内的行动队，展开对顾顺章的追捕和刺杀。

顾顺章的叛变虽因钱壮飞的及时报警，中共中央采取了一系列的应急措施，避免了中共地下组织被大量破坏和中共许多重要领导人被捕，但是，顾顺章毕竟知道得太多了，特别是他在中共中央保卫机关工作多年，十分熟悉中共的一整套秘密工作方法。因此，在他叛变后的一段时期内，中共在上海和其他一些城市的地下工作，还是受到了很大的打击和损失。报纸上不断出现一些敌人有意渲染和夸大的所谓“破获匪案”的消息。上海的反共机关及其打手们一时便显得猖狂起来。他们因为暂时地得手和取得了某些胜利而颇为嚣张。他们以为中共的地下活动受到了突然打击之后会因此而沉寂下来，甚至会暂时停顿。

然而敌人的这种“以为”是完全错了。

为了消除顾顺章事件给人们心理上带来的不利影响，给敌人的嚣张气焰以有力的反击，显示革命的力量不仅依然存在，而且还在开展有效的斗争，同时也为组织新的内线工作创造有利的条件，中央特科决定在短期内组织一次突袭行动，公开镇压一名敌特机关的反共头面人物，以长革命者之志气，灭敌人之威风。

这个任务一经确定后，首先就是要求潘汉年领导的二科在最短时间内，调查、选择一个合适的镇压对象，并且要做好一切侦察准备工作，协同制订周密的实施计划。

这是潘汉年出任情报科长后所接受的一个很重要、难度也很大的任务。他过去长期在文化界活动，一直以“文攻”为主，从未直接参与过“武卫”的事。现在，他将要置身于这刀光剑影的氛围之中，经受真正的血与火的战斗洗礼。要选择一个恰当的镇压对象，还要协同制订一个周密的行动计划，事关一个重要头面人物的性命，更加关系到此举必将产生的社会影响，关系到特科人员自身的安全等。因此必须谨慎从事，务求准确周到，不能发生差错。为此，潘汉年和情报科的一位骨干人物刘鼎进行了深入细致的研究，决定两人分头行动，从调查工作入手，力求尽快完成此项艰巨的任务。

曾经是左翼作家的潘汉年，现在成了一位真正的秘密侦探。虽然在这方面他完全是一位新手，但凭着他的智慧和胆识，在刘鼎的大力帮助下，没有多久，侦查工作获得了预期的结果：确定以淞沪警备司令部督察长王斌为镇压对象。此人以反共为业，专门负责缉捕、引渡、审讯政治犯，罪恶多端，应予严惩；又通过曲折的渠道，弄清了王斌的住址、每天出入的时间和必经的路线；还弄到了一张王斌的照片，以便执行人员“验明正身”不致有误。根据上述调查结果，潘汉年又同三科有关人员一起制订了实施执行计划。经仔细分析研究，他们决定不在王斌所住的里弄口执行。因为那里正是法租界的腹地，四周岗警很多，而且只有一条狭窄的马路，平时行人稀少，枪声响过之后，周围岗警很快就能赶到，目标容易暴露，难以迅速隐蔽和退却。他们最后选定的地点，是在英法租界毗连处的龙门路上。这里南通长浜路（属法租界），北通西藏路（属公共租界），街道窄而短，来往行人、车辆很多，经常拥挤不堪；一边靠跑马厅（今人民广场），路边摊贩云集，占卜算卦、理发、乞讨以及闲逛的人，多而且杂。这里正是王斌每日乘车必经之地。执行人员在此容易埋伏，行动之后又易于混入人群中撤退。根据以往的经验，此处发生事故时，英、法两租界岗警往往互相推诿不管。行动人员执行任务之后，可以立即退入西藏路，并可迅速分散折入二马路（今九江路）、三马路（今汉口路）、四马路（今福州路）等，周围里弄密布，四通八达，警探即使追踪，也容易逃脱。

全部计划拟订完毕后，立即报经中央特科领导审核，并迅速得到了批准。

一天中午，龙门路上正是热闹而又拥挤的时刻。车水马龙，熙熙攘攘。机动车的汽笛声，人力车夫的吆喝声，小商贩们的叫卖声，混成一片，显得十分嘈杂。一辆成色颇新，装饰考究的人力车，正急匆匆地沿着这条狭窄而喧嚣的街道，穿行在乱哄哄的人群中。车上坐着的正是王斌，他身着笔挺的西服，神气十足地架着二郎腿，半躺在车的靠背上闭目养神。突然，从街道一侧的小弄堂内跳出一个身着短装的年轻人。只见他手持短枪：飞身一跃，从后面攀住这辆人力车的后沿，举枪对准王斌的头部，“砰”的一声，王斌立即丧命。这一切发生在几秒钟之内。

枪声骤起，立刻引起街道来往行人的一片混乱。人人都急于冲出人群，离开这是非之地。于是交通立即堵塞，汽笛狂鸣，人声鼎沸。在这一片混乱中，当人们还没有来得及弄清楚到底发生了什么乱子时，执行任务的三科红队狙击手，就已从容而迅速地撤离了现场，安全转移了。

当天的晚报、次日的晨报，都用大字标题和大量篇幅，报道了发生在龙门路上的这一特大新闻。记者们绘声绘色，描述了出事的经过，又多有虚夸之词，故意渲染一番。例如说这是发生在闹市的一次非同小可的政治凶杀案，刺客行动神速，狙击准确。有的报纸甚至道听途说，捕风捉影，说行刺者的同党先用一辆大卡车挡住王斌包车的前进道路，后有一辆黑色小汽车载刺客跟踪到此袭击，事毕即驾驶小汽车狂奔逃去，云云。中外报纸，沸沸扬扬，大肆渲染。这正好达到了特科所预期的目的。

王斌被镇压后，上海租界巡捕房政治部的高级华人警探、淞沪警备司令部的一些专门对付共产党的要员以及从南京派到上海来专事破坏革命组织的叛徒、特务等，都因王斌的被杀而受到了一种震慑。他们不敢那么猖狂和肆无忌惮了。一部分人甚至感到了自危，感到坚决与中共为敌到底的危险性，由此引起了他们的某种惶恐。这也就为中央特科的工作开展创造了某种有利条件。

第三章　调兵遣将　在租界巡捕房收买耳目

对于情报科长潘汉年来说，侦查叛徒特务的目标和行踪，为特科镇压罪恶深重的叛徒特务提供准确的情报资料，并不是主要的和经常的任务。顾名思义，他在情报科主要的和经常的任务应该是收集情报，掌握敌情。

收集情报的渠道自然包括许多方面、许多方法。但其中最重要和最有效的，就是在敌对营垒中建立内线关系。建立内线，当然最好是派遣自己的同志打入敌对营垒中去，如像钱壮飞那样。但实施这样的派遣任务绝非一日之功所能奏效，常常需要经过一个相当长的过程才能有所收获。而客观形势的需要又往往十分紧迫。因此，在敌对营垒中物色和策反有可能转向为我服务的人物，或者干脆进行利诱和收买寻找合适的耳目，也是切实可行的办法，往往能收到事半功倍的效果。

潘汉年深知这一点。不过，要实现这样的目标，即在敌对营垒中争取或收买耳目，策反建立起内线情报关系，也并非轻而易举的事。

上海是一个典型的半殖民地的都市。在它最重要的地域之内，建立有所谓“国中之国”的大片租界地区。这　殖民主义的特殊产物，无疑是中国人民屈辱的印记。但它也同时为中共的地下革命活动提供了某种方便条件：中共地下组织的重要机构大都设立在各租界之内。许多重要的领导人也都安排在租界区域居住。国民党的统治机关，包括它的特工机关在租界内的活动都不能不受到某些限制。各租界地区所设立的巡捕房，是由各帝国主义国家直接控制的警察机构。在性质上它是帝国主义镇压人民革命活动的工具。但它和国民党的警察特工机关又有某些区别。因为在程序上，国民党的警察特工机关不能在租界范围内直接采取诸如捕人一类行动。即使发现中共的革命活动，也必须首先通过租界的巡捕房，或是由捕房出面抓人，或是把抓到的人首先送到捕房去，然后再办理引渡手续。这样一种程序上的空隙，常常可以为中共的营救被捕者活动提供较多的时间和机会。因此，中央特科情报工作的重要任务之一，就是要设法把自己的触角伸到租界的巡捕房内去搜集情报、探听消息，随时掌握敌特机关破坏革命活动、捕人和办理引渡等动向。

在陈赓主持特科情报工作时，上海公共租界巡捕房里有一位重要的人物鲍君甫（又名杨登瀛）就是特科的情报内线。此人早年留学日本，受过马列主义思潮影响。回国后参加过五卅运动，同情工人，同情革命。后与共产党交上了朋友。鲍君甫博学多才，精通日语，在上海交际广泛，和许多外国人有密切往来。国民党的CC特工组织很看重他的长处，便委派他做驻上海的特派员，而他暗中却接受了中共的领导，成了中央特科的情报人员。特科曾通过他办过许多事情。顾顺章事件出现后，他的身份也随之暴露，并被捕押回南京。

潘汉年接任陈赓职务之后，急于要在租界巡捕房里建立新的内线。即使一时不能够建立起新的内线，至少也要先争取到一个耳目，能为特科及时提供一些消息，不至于完全闭塞。

面对偌大的租界巡捕房机构，潘汉年该从何着手，尽快把自己的触角伸向其中呢？经了解，他发现有一位叫陈志皋的律师倒是可以发挥作用的人物。这位陈律师出身世家，虽然年轻，却已颇有名气。而且比较开明，同情进步人士，曾经为中共所领导的中国互济会担任过不少被难者的辩护任务，并取得过良好效果。陈律师因为职务的关系，和租界巡捕房里的许多头面人物都很熟悉。通过这位陈律师的介绍便容易去接近巡捕房的某些人物。但潘汉年和这位陈律师并不熟悉，如果贸然出面请他去担任中介人物再去接近巡捕房人士，那是不恰当也是绝无把握的。潘汉年又了解到，中国互济会的干部黄慕兰因工作关系已经和陈律师很熟。而且据说这陈律师正在热烈追求黄女士。如果由黄出面去找陈律师，让陈做中介，再去接近巡捕房的人，岂不是很合适而且比较容易吗？！于是，潘汉年立即通过中央组织部门将在互济会的黄女士借调到自己的情报系统来帮助完成这一特定的任务。

这黄女士也是一个难得的人物。她出身名门，在大革命时代就加入中国共产党，在汉口从事妇女运动的组织领导工作，并且和当时担任汉口《民国日报》主笔的著名共产党人宛希俨结为夫妇。后来宛希俨不幸牺牲，她就秘密转移到了上海。不久，又和中共领导人贺昌结婚。1931年年初，贺昌奉命调往苏区，考虑到途中的安全，组织上没有同意让她与贺同行，而让她留在上海，并安排她到党所领导的中国互济会去做营救被难者的工作。她因为要经常出面找进步律师帮助打官司以营救被难者而结识了陈律师，并日渐熟悉。陈律

黄慕兰

师并不完全了解黄女士的真实身份，也不知道她的丈夫正在苏区前线。黄女士这时只有二十四五岁的年纪，人长得很漂亮，气质高雅，风度不凡，又擅长交际，很有些魅力。这陈律师很快就爱上了她，并对她展开了热烈的追求。黄女士既不便说明自己的真实身份以及夫君正在何处的实际情况，但也不想干脆明确拒绝陈的追求，以免置陈于不愉快甚或难堪的境地。她的工作十分需要继续得到陈律师的帮助。因而就以好朋友的身份一直和陈保持着密切往来。只是在外人看来，他们似已正在恋爱之中。

黄女士被调入情报系统后，潘汉年就向她具体交代了要她通过陈律师的关系去接近巡捕房的人士以便在捕房内争取一名内线耳目的任务，并且要她隐蔽自己参加情报工作的身份，仍以互济会的名义请陈律师为她牵线而不要让陈律师具体介入。潘汉年知道他要黄女士去扮演的角色是一个不好演的角色。但他相信以黄女士的聪明能干以及丰富的社交经验，是一定能够完成这一任务的。

按照潘汉年的要求，黄女士很快就进入了角色。她约见陈律师，提出自己要在巡捕房直接交一个朋友，目的仍是为了互济会的营救工作，以便能够及时从捕房打听到消息。正在竭力讨好黄女士的陈律师自然乐于为她帮忙“牵线”。陈律师说，他和法租界巡捕房的华人探长赵子柏很熟，可以代她约赵见面，并简要向她介绍了赵子柏的情况。

黄女士将和陈律师见面商谈的初步情况及时向潘汉年汇报后，潘汉年又从别的渠道了解到赵子柏的一些情况，决定把赵作为首先争取的对象。潘汉年又和黄女士一起分析研究了赵子柏的特点以及如何去开展争取工作的步骤与策略。赵子柏，原籍山东，行伍出身，已在上海滩混迹多年。他在警探的岗位上为法国租界当局效力，深得上司的赏识，爬上了探长的职位。但此人并无具体政治背景。文化不高，举止粗俗，江湖气很浓，又是帮会中人，向来重利轻义。在他的权力范围内，徇私舞弊，贪赃枉法，本来也是寻常的事。但如果要他直接为中共情报机关效力，虽然也可以得到可观的酬金，但他也不能不有所顾忌。因为在当时的情况下，通共的罪名是很可怕的。弄得不好，不仅会丢掉饭碗，而且有坐牢甚至杀身的危险。因此，潘汉年要求黄慕兰在进行争取工作时，一定要积极而又必须谨慎从事。根据对方的特点，灵活机智开展工作，多用智谋，并将争取工作的进展情况随时向他汇报。

很快，陈律师就以请客吃饭的名义把赵子柏和黄女士邀约到一起见面。地点是在一家高档餐馆的单间。谁知刚一见面，这赵子柏就被黄女士的风姿丽质所吸引。这一天，黄女士其实并没有刻意打扮，穿着也并不考究，但在赵子柏的眼中却显得高贵和风雅。他是难得见到黄女士这样有身份、有教养，属于上层社会的漂亮女性的。当陈律师把黄女士介绍给他，黄女士很客气地和他握手，声称她很愿意结交他这样的朋友时，他简直是受宠若惊了。他固然也见过一些达官贵人的太太、小姐，但人家对他往往连正眼也不看一下。而这位黄女士却如此看得起他，落落大方微笑着和他握手相交，他真的感到荣幸。于是他急忙掏出自己的名片，将自己的住址、电话号码一一告诉了这位黄女士，并且连连点头媚笑着说：他非常愿意交黄小姐这样的朋友。以后黄小姐如果有什么需要他帮忙的地方，他一定效劳。黄女士微笑着向他表示谢意，但却并不做任何进一步的表示。她虽然看出了赵子柏眼中所企望的有她的名片、地址、电话号码之类的回赠，却仍然微笑着不再说什么。

席间，陈律师频频劝酒、劝菜。赵子柏豪兴大发。饭毕，赵子柏抢着要付账，陈律师说："本来是我请的客，怎么能要你花钱？"赵子柏忽然灵感触发，忙说："那好，过两天我就回请，请你和黄小姐务必赏光，怎么样？"

陈律师说："我是无所谓，那就要看人家黄小姐了。"黄女士说："还是让我来请吧。我们互济会的许多事情日后还得请赵探长多多帮忙哩！"

赵子柏说："黄小姐看得起我，有要我赵某人帮忙的地方，我一定全力以赴。"

几天以后，黄女士打电话邀请赵子柏吃了一顿饭。陈律师虽然也应邀出席作陪，但主角已换成了黄女士。她非常得体地应酬着赵子柏，同时也说了许多自己职业上的麻烦事情，再一次希望赵探长也能像陈律师一样成为她的朋友。赵子柏自然是求之不得地应承着，并且拍着胸脯，满口江湖气地向黄女士保证，他是可以为朋友两肋插刀的人，务请黄小姐不要客气。

和赵子柏见了两次面后，黄女士向潘汉年详细汇报了经过情形。潘汉年虽未见赵子柏其人，但从黄女士的叙述中已经看透了这个人的本性。他分析说，要从政治大义上争取赵子柏，看来短时期内是绝无可能的，但客观形势的需要又不容许我们长时间的等待。我们需要采取更灵活大胆的办法，因势利导，尽快地把他争取到手，能起多大作用就起多大作用。

黄女士问：下一步我该怎么办？

潘汉年说：他不是急切地要交你这个朋友吗？

黄女士说：他是醉翁之意不在酒呀！看他那双眼睛，恨不得要一口把我给吃了呢！

潘汉年说：那就先给他来个以退为进，以冷对热，暂时不要理睬他，且看他的反应如何而后再决定下一步骤。

黄女士说：好。我听你的。至少可以让我暂时少一点恶心了。

潘汉年说：你是有经验的老战士了。可别把恶心的感受溢于言表。当医生的要跟细菌打交道，厌恶它还得利用它。

黄女士说：那当然。我这是在你的面前才直言不讳的。在赵子柏面前，那就是另一回事了。请你放心，我会演好自己的角色的。

潘汉年说：早就听说你是很能干的。不然也不会特别请你来支援我们的工作了。

说到这里，两人相视笑了起来。

大约只过了个把星期，赵子柏果然就沉不住气了。他见到陈律师的时候，忙问道："你的那位朋友黄小姐怎么这些天不打照面了。难道她真的就没有什么需要我帮忙的地方？"陈律师回答说："我也不大清楚她最近在忙些什么？我可以帮你问一问。不过，我听说她可能是有什么政治背景的。赵探长，我只介绍你们认识，别的我可是没有多说什么呀！"陈律师是聪明的人，他已经觉察到黄女士要接近赵子柏的真正目的，于是便有意识地做了点玄妙的暗示。那赵子柏却一心只想着和黄女士交朋友，并不顾及其他更多的事。他满不在乎地说道："人家黄小姐看得起我，我就愿意做她的朋友。朋友就是朋友嘛！管人家那么多干什么？"陈律师说道："那好，我一定设法把你的这些话转告她。"

陈律师立即约见黄女士，把赵子柏同他谈话的情形告诉她。

黄女士也立即向潘汉年报告了赵子柏的新动向。潘汉年对她说："现在你应该见一见他了。过分冷落了人家，或许会起反作用的。冷热适度，一张一弛。这次会见时，你可以单独对他进行一些试探，以便进一步掌握他的思想动态。当然，你也一定要善于保护自己，不能迁就他的过分要求。"黄女士说："我懂你的意思了。我一定注意掌握分寸。"

第二天，黄女士就给陈律师打电话，请他约赵子柏当天见面一起吃晚饭。同时告诉陈律师，吃罢晚饭，她要和赵子柏单独谈谈。陈律师心领神会，答应一定照办。

当晚，在一家餐馆的单间，陈律师、赵子柏如约赴宴。席间，黄女士首先表示歉意，说自己最近实在太忙，才没有及时和二位联络。陈律师刚刚喝了两杯酒，吃了几口菜之后，便连忙起身向黄、赵二位道歉，说他今晚还另有一个重要的约会不能继续奉陪了，要提前离席。黄女士说，朋友之间尽可以随便些，不必客气。她请陈律师自便。赵子柏也马上附和，他正巴不得能有和黄小姐单独在一起的机会。果然，陈律师一走，他便向黄女士大献殷勤，说像她这样漂亮能干的小姐实在让他仰慕得很，希望黄小姐真能把他当朋友相看，并要求她将自己的住址、电话号码告诉他，以便随时可以联络、拜访。黄女士托词说：她现在还没有自己的住所，是临时借住在一个亲戚家里，实在不方便。等以后有自己的住所时，一定将地址和电话告诉他。赵子柏一听，马上就表示：找一处住房是很容易办到的。在这租界地段上，由他出面找一处住房，易如反掌，而且肯定会让她满意的。黄女士婉拒说：和赵探长相识不久，就如此麻烦，实在不敢当。还是由她自己慢慢找房子为好。她以后有别的事一定会请他帮忙的。这天，由于陈律师早早退席，赵子柏显得特别兴奋。临分别时，黄女士又给他留下了一个诱人的企盼：她说，她以后有事不想再通过陈律师，而愿意直接约他见面，单独商谈。赵子柏正求之不得，立即表示，这样最好，以免延误时间。他将随时恭候黄小姐的召唤。

就在情报系统逐步接近赵子柏，准备进一步对他进行分化争取时，突然发生了中共中央总书记向忠发在法租界被捕事件。

这是发生在1931年6月22日的事，距离顾顺章被捕叛变的时间还不足两个月。中共中央刚刚从处理顾顺章叛变后的大量善后工作中摆脱出来，还没有来得及完全消除这一事件所产生的严重后果，就出现了这一次新的打击。并且又面临着新的难以完全预测的危险后果。中共中央紧急部署特科情报部门迅速查明向忠发被捕后的情况，并要求力争阻止国民党当局把他引渡过去，以利于采取营救措施。

潘汉年接到中央指示后，马上找到黄女士，要她立即约见赵子柏，了解向忠发在法租界被捕后的情况，并以被捕者家属委托的名义，要求赵子柏向租界巡捕房当局疏通，配合我们请的律师的活动，阻止国民党政府的引渡要求，答应事成之后以重金酬谢。

黄女士按潘汉年的部署，当即打电话约见赵子柏在一家咖啡馆见面。赵并不食言，果然随叫随到。见面之后，略略寒暄几句，黄女士便单刀直入："赵先生，你多次表示愿意为我帮忙办事，今天可真有事要麻烦你了。"赵子柏连忙笑道："好说，好说。能够为你黄小姐办事是我的荣幸。"黄女士立即按潘汉年的指示，要求赵子柏帮助暗中打通巡捕房的关节，以免她的当事人被引渡。她强调说，她是受当事人的家属委托，而这位家属是很有钱的，将不惜重金酬谢赵探长和他的巡捕房上司。赵子柏听了黄女士的要求后，脸色立刻显得不自然起来，嗫嚅着说："听说你的这位当事人不是个普通人，恐怕不容易办成功。"黄女士说："要是个普通人，还要请你这位大探长帮忙疏通吗？能不能办成是一回事，关键是你够不够朋友，肯不肯出力？"赵子柏稍稍犹豫了一下，立即改变了口气，用江湖豪气语言慨然应允道："好。兄弟我说话算数，我听黄小姐的吩咐就是。"黄女士笑道："这才像朋友嘛！"于是立即从手提包中取出一张纸片，用自来水笔写上一个电话号码递给赵子柏："请将活动情况随时打这个电话告诉我。"

赵子柏回到巡捕房后，果然积极活动，买通了他的上司法国总探长，一起打通了巡捕房的高级官员，答应尽力阻止引渡。不料国民党当局毫不拖延地由淞沪警备司令部出面，提出被捕者是共产党中央的要人，如果巡捕房拒绝引渡，就将由政府出面通过外交途径交涉。这使得巡捕房的高层也不敢把事情闹到那一步。无奈只得将向忠发引渡给了淞沪警备司令部。

潘汉年获悉这一结果后，一面继续寻找别的途径从淞沪警备司令部那边谋求营救向忠发的办法，一面仍让黄女士携带一笔钱去约见赵子柏。潘汉年分析说，赵子柏虽然活动阻止引渡没有成功，但已经证实他是的确做了努力的。他在事实上已经接受了我们交给他的任务，也同时是经受了对他的一次考验。你再见他时，可以给一笔钱以表示感谢，同时可以对他说，这次因时间过于仓促，人已经被捕了，才临时设法开展活动，因而未能取得预期的效果。你可以向他提出新的要求，要他今后随时将巡捕房的有关捕人和办案情况及时告诉你，你答应可以按月付给他酬金。遇有特别重要的情况，还可以另外重金奖励。如果他答应了，你就可以和他约定具体联络办法。但你自己必须始终保持警惕，和他保持必要距离。不要让他知道你更多情况，以防不测。最后，潘汉年很动感情地对黄女士说道："让你扮演这样的角色，完成这样的任务，真是难为你了。做情报工作，就得担这些风险，还要经得起外人的误解和自己的委屈。"黄女士也充满感情地回答说："请组织上放心，我会正确对待这一切的。要革命就不能怕担风险，我是早有精神准备的。"潘汉年紧握着黄女士的双手，他们的心完全沟通了。

过了两天，黄女士再约赵子柏见面。一见面，赵子柏便说，黄小姐委托办的事，他没有办成，很是抱歉，但他是尽了力的，希望黄小姐不要因此而对他失望，以后他会对得起朋友的。黄女士说：这次没有办成，不能怪赵先生。赵先生确实已经尽了力，我们是感激的。我的当事人还说，事情虽然没有办成，但也不能让赵先生白辛苦一场。说到这里，她从手提包中取出一叠钞票递给赵子柏，说这是给你的酬金，数目不算大，只是我的当事人的一点心意。赵子柏连忙说：这怎么好意思？无功受禄，实在不敢当。黄女士说：赵先生若是不收下，岂不辜负了我的当事人的一番美意，或者竟是嫌少……赵子柏赶忙抢着说：哪里，哪里！黄小姐这么说，我就不敢不从命收下了。你黄小姐又厉害，又够朋友，我赵某人佩服之至。今后，黄小姐如有用得着我的地方，我一定竭尽全力。

黄女士见时机已成熟，便进一步说道：我知道赵先生是痛快人，讲义气。

我就直说吧：委托我的当事人是很有来头的。只要赵先生愿意同我们合作，我们绝不会亏待你。我们这次的营救工作是被动进行的，所以迟了，延误了时间。我们希望以后你能够有意识地留心巡捕房内有关捕人办案一类的各种情况，及时告知我们，我们将按月付给你比你的薪水高几倍的酬金。如能得到特别有价值的情况，还可以另加重酬。你看如何？如你同意，我们可以找一处地方作为联络地点、定期见面。

赵子柏终于没有再犹豫，答应了这一要求。那可观的酬金和定期可以同黄小姐见面的机会，对他来说，都具有很强的诱惑力。

从此，这位法租界巡捕房的赵探长就成了潘汉年情报系统的一个耳目。他从巡捕房内外所获得的各种消息，都及时地通过黄女士转到了潘汉年的手里。

赵子柏除不断向特科提供情报外，还为特科办过一些临时性的事。其中值得一提的是他利用探长的身份帮助特科追捕一名逃犯的经过。当时全国总工会有一个会计，在他领到全总的一次全部预算经费之后，携款潜逃，一时打听不到他的下落。全总负责人卢福坦当时正代理向忠发的中央书记工作。那个会计不仅知道总工会系统的组织状况，而且认识卢福坦本人。中共中央认为如果会计叛变，可能给党造成严重的后果，指示保卫机关迅速设法侦察到他的下落，并要制止他向敌人告密。潘汉年接到这个任务后，开始是一片茫然，对这个人的行踪毫无线索可寻，仅从全总方面找到他的一张照片。派人去他的原住址察看时，除丢下一些破烂家具外，再找不出一点可供侦察参考的痕迹。没有别的办法，潘汉年决定让赵子柏用缉拿偷盗犯的办法，帮助侦缉这个会计。首先是虚构一个商业公司的名字，向法租界巡捕房报失窃案，请巡捕房悬赏缉拿。然后，赵子柏就充分利用他的业务职能，在租界、华界进行查缉。他将这个会计的照片翻印许多张，分送有关侦缉单位以及他手下的密探们，同时出动侦缉队。潘汉年估计，这个办法并没有把握找到此人的下落，但是采用这种公开悬赏缉拿的办法，在各租界巡捕房、华界警察署以及一切侦缉机关都将此人照片和缉获的价格公诸于众，就有可能制止这个会计向租界或国民党当局自首告密，造成更坏的政治后果。因为他窃取的款项数额很大，悬赏价格是按比例给的。他在任何地方出现，被任何警探人员发现，都会立刻向巡捕房通风报信，甚至将其直接扭送到巡捕房，以领取高额赏金。而且按惯例，巡捕房有权要他先归案。何况，他也不敢轻易自首，怕被官方没收其巨额现金。潘汉年认为，经过这样一番张扬，至少会给这个反叛分子以巨大的心理压力，使他不敢抛头露面、轻举妄动。即使他最后投敌为虎作伥，有关地下组织也已争取到了采取防范措施的足够时间，避免组织被破坏。

然而事情的发展又出乎意料。有一天，赵子柏手下的一个密探在租界里的一个妓院中查明此人曾到这里鬼混过。日前已偕某妓女到杭州逛西湖去了。赵子柏便以法租界巡捕房的名义，行文到杭州市有关机关，并派得力干员到杭州缉拿。结果是马到成功，在西湖畔的一家旅馆里逮住了此人，并立即将他押回上海。巡捕房经过盘查，这家伙除在上海、杭州吃喝玩乐，购置衣物等花去一部分款子外，大部分的钱还存在银行里。据他供称：因为白色恐怖严重，他乘机携款潜逃，打算从此以后脱离革命。赵子柏将这些情况迅速告知了我情报机关，并问我们如何发落此人。潘汉年及时向中央作了汇报。中央考虑此人所知一切组织秘密，并未受到破坏，我们已有充分时间重新部署秘密工作；这个人虽已叛离了党，但尚未投敌，其为害不大，决定由赵子柏设法，迫其返回原籍，交由他的亲属负责管束。所追回的赃款，一部分作为赏金付给办案人员，再厚赠一笔给赵子柏本人，其余全部缴回。

经过这件事，赵子柏同情报系统关系无疑又进了一步。但潘汉年清醒地意识到这种靠金钱收买和靠黄女士的个人魅力拉关系的办法终非长久之计。而且总是让一位年轻的女同志去和赵子柏这样的人物去周旋并不妥当。黄女士已经隐隐约约地在他面前诉说过她对赵子柏的粗俗态度已有穷于应付之势。于是决定派一位情报干部到赵子柏的身边去充当“伙计”（当时上海高级警探人员常用一个助手跟班一类的人，俗称“包打听伙计”），目的是想利用赵子柏的关系在巡捕房站住脚，然后谋得一个正式职位，以便长期埋伏，完成内线任务，同时将黄女士转移，中断和赵子柏的往来。后来，派往赵子柏身边去的人深入观察，认为赵子柏这个人实在难以从政治上争取过来。而赵在黄女士借口和他中断联系后，再也没有原先的热情和积极性。对情报系统交给他的任务渐渐虚与委蛇，不再用心用力。在这种情况下，潘汉年认为应及时调整和赵子柏的关系，改变利用他的策略。因为在当时严重的白色恐怖环境中，如若处理不当，使关系复杂化甚至出现纠纷，就有可能造成严重后果。于是他决定另外谋求一条通向巡捕房的情报渠道，并在不久之后将派到赵子柏身边的那位干部撤退出来，在双方都不致遭受损害的情况下，友好地结束了情报系统和赵子柏的关系。

潘汉年在从收买到利用，再到放弃赵子柏的过程中，表现了大胆、灵活、随机应变的态度，同时积累了这方面的工作经验。

第四章　长线钓鱼　从国民党市党部打开缺口

政治斗争的风云变化莫测。

中国国民党虽然建党的历史颇为久远，但其组织机构的散漫无力和活动范围的严重局限是人所共知的。它虽然领导了辛亥革命的胜利，但辛亥革命之后历史的反反复复，又证明了它的软弱无力，难以独立担当支撑中国革命的历史重任。孙中山先生是一位毫不保守的真正革命家。他从辛亥革命以后的种种挫折中痛定思痛，又从俄国十月革命的胜利中发现了新的希望，产生了新的思路。因此，在中国共产党刚刚建立不久，无论在哪一方面都还很稚弱的时候，他就毅然决定接受俄国人的建议，改弦易辙，和中国共产党实行合作，按照俄国人和中国共产党的许多主张，改造已被历史证明很不得力的国民党组织机构。其主要措施之一，就是大大加强党的组织建设，尤其注意各级基层组织的建设。在短短的两三年时间里，就在许多省市，首先是在南方各重要省市建立以国共合作体制为基础的中国国民党的一系列党部组织机构。

上海是孙中山领导的国民党的重要活动基地。国共合作后，上海自然也是国民党组织建设的重点地区。大革命前夕，上海差不多已经有了相当健全的国民党的市一级和区一级的党部机构。共产党人为了实现自己的近期政治纲领，积极帮助并具体参与了国民党的组织机构的建设，几乎所有的国民党机构内都有共产党人的介入，并且担任了部分领导职务。潘汉年就是在那时经由共产党人的介绍加入了国民党的。

孙中山亲自主持的第一次国共合作，曾经为中国的民主革命运动创造了一个良好的局面，为铲除军阀的封建割据和统一全国打下了胜利的基础。可是好景不长。国共合作的局面只维持了三年多便严重受挫，并进而导致了国共两党的彻底决裂。1927年的春天，当北伐战争的胜利前景已经在望，统一全国的目标即将实现时，国民党内掌握了军权的蒋介石集团突然采取武力“清共”的反动政策。还处在幼稚和不成熟阶段的共产党人一时未能组织起强有力的反击而遭到了残酷的镇压，数以十万计的共产党人和革命积极分子在各地惨遭屠杀，血流成河。

在上海这个中国革命运动的重要战略据点上，自1927年“四一二”起，国共两党便从合作的同盟者变成了势不两立的仇敌。国民党的各级党部机构在排斥或“消灭”了共产党人之后，其主要职能便从过去的对付军阀和帝国主义列强，转向专门对付共产党及其领导的工农群众运动。不久，国民党从中央到地方的各级党部逐渐建立了一个以CC为核心，以对付共产党为主要任务的特务组织系统，专门从事调查、搜捕、策反和镇压共产党人及其革命积极分子的活动。国民党上海市党部，首先是市党部里的组织部，变成一个著名的反共堡垒。

“四一二”之后，在上海的中国共产党人及其领导的革命群众运动虽然受到了国民党的残酷镇压，遭受了惨重的损失，但是，中共的各级组织却并未因此而被瓦解和消灭。中共各级组织原就处于秘密状态之下。就是在国共合作的蜜月时期，共产党的各级组织活动也一直保持着自己的独立性。中共组织系统固有的严密，使它在遭到像四一二反革命政变这样严酷的打击之后，依然能够部分保存下来，并且很快又能够重新结集起来恢复活动。

然而国民党的统治机器，毕竟不同于军阀时代那班武夫莽汉所实行的破绽颇多的统治方式。国民党曾有过“以俄为师”的经历，他们从苏联的经验中已经学了不少东西，后来又从德国法西斯党那里学到了一些理论与实践。因此，他们对付共产党的策略和手段也就有了不少值得重视的新花样。

潘汉年接管中央特科情报工作时，国民党上海市党部以CC派重要骨干吴开先为首的组织部，就使用了一些新的特务手段，专门对付中共的地下组织。其手段之一，就是在中共的一些地下组织中埋伏卧底内线，及时掌握中共地下活动的情报，进而对中共地下组织予以打击破坏。具体办法是：从中共地下组织内部寻找动摇分子进行利诱和威逼，让他们秘密自首，然后把他们放回到所在地下组织中去卧底。吴开先所使用的这一反间计在当时发挥了一定的作用，对中共地下组织活动造成了很大的威胁。一些地下工作部署，例如，秘密制订的某种专项斗争计划，往往还没有来得及实施，国民党当局就已经事先掌握了情况，并抢在前面采取了防范和破坏性的措施，使中共地下组织的预定斗争计划流产，同时会使一些受到牵连的人被捕。

面对吴开先的这一阴险狡猾的手段，中央特科需要采取相应的防卫和反击对策，以达到打击敌人保护自己的目的。其关键有力的措施之一，就是也要在吴开先的反共堡垒里埋伏自己的内线，以便及时掌握情报，争取主动，克敌制胜。简而言之，就是以反间计对付反间计。

潘汉年深知，要在国民党的反共堡垒——上海市党部组织部建立内线，不是一件容易的事。一个办法是挑选自己的人混进去，逐步取得信任，发挥内线作用。但这样做不是短期内能够收到成效的。另一个办法就是在他们的系统中寻找所谓“身在曹营心在汉”的同革命有过历史渊源或是同情革命的人物来承担内线的任务。这是比较快的理想方法。可是，吴开先是一个忠于CC首领陈果夫、陈立夫的坚决反共的人物，他手下的负责干部也都是清一色的反共分子。其中有不少是革命的叛徒，难以找到可利用的对象。潘汉年和情报科的同志经过仔细研究后，决定不得已只能求其次，最后在吴开先部下物色到一个叫沈××的人，作为争取对象，沈××的职务只类似文书和干事，不为吴所重用，也不让他参与外部事务活动。据调查，此人在大革命时代与革命左派有过关系，“四一二”反共“清党”之后，吴开先投靠CC，到上海市党部任职时，把他也带来了。他当时既无决心跟共产党继续革命，也不坚决真心反共。他只是为了苟全性命于乱世，为了解决生计问题而跟着吴开先走的。吴当然也不会重用他。这时，他还与几位熟悉的中共人物偶有交往。从各方面反映的情况看，此人可以争取，为我所用。他目前在反共机构内的职位虽然不高，工作也不重要，可供给的有价值的情况不多，但如妥为帮助和运用，让他长期埋伏，稳步发展，就有可能接近吴开先的核心部位。这比派一个同吴开先没有历史关系的人打进去要容易得多。

经过熟悉沈××的同志去做工作，争取到他的同意之后，潘汉年派一个干部专门同他来往、联系。为了稳定他，开始并不对他提任何具体要求。他向我方报告他所见到的和听到的一些并不重要的消息，我方也绝不说“无用”和“用处不大”，而总是鼓励他耐心，不要急躁，首先要取得上司的信任；要他执行“放长线钓大鱼”的方针。他在充分领会了我方的意图之后，也就安下心来在那里坚持潜伏下去了。经过较长的一段时间，沈××终于有了初步成效。吴开先提升他到组织部一个科里去做登记工作。虽然还没有接触有关反共秘密活动的资料，但毕竟前进了一步。又经过一段时间，沈××被他的上司认为是忠实可靠的分子，就让他参加了组织部门专门登记秘密自首分子的工作。这就又进了一步。沈××将他所登记的秘密自首分子的姓名告诉了我们。经审核，有些确实无误，说明他的工作已有很大价值，但有一些自首分子的姓名仍旧查不出来。因为当时的中共地下党员和一些秘密的革命活动分子都有化名，而且经常更换，以致许多人的真实姓名反被隐没，不为人所知。那些秘密的自首分子，有的只报真姓名而不详报其曾用过的化名；有的又只报化名而不报其真实的姓名。在他们登记时，所担任的职务也不详实登记，如只写“在反帝大同盟工作”、“在上海沪东区委工作”等，范围太大，因而很难查对。最困难的是沈××没有条件和自首分子见面，登记卡上又没有照片。这些，对我方充分利用这些登记资料进行侦察与反措施都很不便。为此，潘汉年通过和沈××联系的干部向沈提出进一步开展工作的办法，指示他在适当的情况下，以改进登记工作的名义向他的上司建议，在登记自首分子卡片档案时，要他们贴上本人的半身照片，同时具体写清楚自己的真实姓名和曾用的化名以及在中共党内和革命组织内所担任的工作简历等。潘汉年强调这个建议，必须是在敌人认为确有必要时方能提出，才不致露出马脚。

机会终于来了。一次，CC的特务在闸北地区破获了一个正在召开秘密会议的罢工行动委员会。在被捕的人员中，就有一个已经秘密自首过的叛徒，正是他提供的情报，使这次罢工行动委员会的会议被破坏，一批革命活动分子遭到逮捕。当CC特务们到现场提人时，CC组织内负责与这个叛徒保持秘密联系的人恰好不在上海，叛徒本人为了慎重起见，并未将登记的证件带在身上。他在被捕之后，立即悄悄地告知捉他的特务，要他们很快将他放出去，以便继续长期埋伏。他声称这是负责与他联系的特务交代过的。捉他的特务为了证实情况，立即请示党部CC负责人，该负责人也不知道有这么个人；要登记处查对姓名，也未查出结果。因为这个叛徒登记时用的是真姓名，而初捕时现场供的却是化名，一时弄得不知如何办好，只得等那个负责与他联系的特务回来才能证实。可是这一来就耽误了释放的时间。这个叛徒在被关押期间未能及时出去而精神有些失常，加上特务们对他到底有些另眼相看，终于引起了同时被捕入狱的一些同志的注意和怀疑，并将这一情况秘密通知了外面的地方党组织，请他们严加注意。消息很快传到了中央特科，特科也已收到了沈××送来的报告，告知被捕的人里面有一个自称是秘密登记自首过的××；因为登记卡上没有查出他的名字，同他单线联系的特务又不在上海，因此一时未能弄清楚。中央特科立即将此情况转告地方组织。地方组织因此引起了格外的警惕，在那个叛徒还没有被释放之前，便切断了所有同他有关的秘密联系渠道。后来，这个叛徒同另外几个没有判罪的人一起被释放出来了。他又伪装积极寻找地下组织关系，可是再也没有接上头，终于丧失了他的反革命的“内线”作用。最后被CC安排到黄色工会去充当走卒，成了公开的敌人。

这件事发生后，国民党市党部的CC特务们曾为此互相埋怨，追问所谓责任问题。沈××看准了这一机会，便向上司提出了他的改进登记工作的建议。这一建议立即得到了很多特务的赞同，上面也认为这个建议有价值，从此更增加了对沈××的信任，后来又要他参加与秘密自首分子直接见面办理登记的手续。这样，他便能够及时掌握到叛徒秘密自首、登记的具体情况，必要时还可以提供秘密自首分子的照片给特科情报机关参证。这些重要情报，对于特科及时处理和惩处叛徒，保卫中共党组织的安全起到了重要的作用。

第五章　兵不厌诈　引诱社会局反共分子上钩

蒋介石为了打击和消灭共产党是费尽心机竭尽全力的。除了调集大量军队“围剿”共产党的农村革命根据地之外，在各城市里国民党的党政军系统内，也都严密部署了防共和反共的任务，企图像张开的网络，把在城市中的共产党地下组织活动统统堵死、困死。

国民党在上海的反共机构，除市党部这个反共堡垒外，政府系统的社会局也是重要的一个。潘汉年主持特科情报工作时，社会局局长吴醒亚就是由CC派直接扶植起来的坚决反共的人物。他的社会局也在不遗余力地执行着防共反共的任务。他的手下就有一批专门搜集中共情报的反共分子。

潘汉年在向租界巡捕房和国民党市党部展开攻势，争取和建立内线耳目的同时，也在积极设法向社会局伸出自己的触角，努力从吴醒亚系统打开突破口，在吴醒亚的鼻子底下寻找猎取情报的渠道。

不言而喻，向敌对营垒寻找缺口的方法不可能是千篇一律的。吴醒亚的手下大多是忠实追随他的清一色的反共分子，一时也难以物色到比较容易突破争取的人物。为此，潘汉年苦思良策，并通过关系对吴醒亚周围的人进行摸底调查，以便根据具体情况，有针对性地采取不同的策略，进一步开展工作。经了解，他发现吴醒亚手下有一个叫吴汉祺的人，可以作为开展工作的对象。此人曾在北伐军政治部工作过，政治上一向偏右。大革命失败后，他来到上海投靠到吴醒亚的门下效力。现在是社会局的一名专职情报人员。潘汉年认为，在可以预期的短时期内，要从政治上争取这样的人几乎是不可能的。但吴汉祺既是一个专职情报人员，是依靠搜集情报作为谋生之道和向上爬的资本，那就有可能利用他的某一弱点，同他进行某种情报交易，从而把他所能搜集到的情报变为我们所需要的情报。只要方法得当，他就可能成为一个有利用价值的人物。于是，潘汉年决定向吴汉祺展开攻势。他把情报科的重要骨干欧阳新找来一起研究如何着手开展此项工作。

欧阳新已是情报战线的老手，颇为精明干练。他听了潘汉年的意图之后，稍加思索便表示完全赞成。他说，他在大革命时期曾和吴汉祺有过一些交往。那时他在武汉国民政府外交部长陈友仁先生手下做翻译工作，和吴见过几次面，但吴并不知道他的真实政治背景。大革命失败后，他们就一直没有见过了。现在，不妨由他出面去和吴汉祺接触，进行试探，看看能否利用。

潘汉年见欧阳新愿意主动承担此项任务，非常高兴。他仔细想了一下后，说：对付吴汉祺这样的人，我们得多用一点心思。他既不清楚你的实际政治身份，又知道你曾经在陈友仁先生手下工作过。现在陈先生也正好在上海和宋庆龄、邓演达等人一起坚持反对蒋介石的独裁统治，并且和十九路军的陈铭枢、蒋光鼐等人以及和桂系的李济深等都有往来。外界还传言陈友仁正在中国搞社会民主党的活动。虽然据我们所知，这不过是国民党CC派故意散布的谣言，是一种别有用心的宣传攻势。但其真相如何，目前也并没有真正搞清楚。我考虑，你不妨仍以在陈友仁手下工作的面目去和吴汉祺接触。世人都知道社会民主党也是反对共产党，反对第三国际的。这样，你们就比较容易接近，不致引起吴的格外警觉。试探工作也就好做了。

欧阳新说：这个借口不错。兵不厌诈，反正吴汉祺也无法去找陈友仁这样的大人物去对证。我可以利用这个身份去试探和他合作的可能性。

几天之后，欧阳新就通过一个关系见了吴汉祺。欧阳新有意安排在一家高档餐馆，点了丰盛的酒菜。吴汉祺莫测高深，只见欧阳新衣着华贵，出手大方，酒过三巡之后，不免羡慕地问道："欧阳兄，士别三日，真当刮目相看。阁下现在究竟在哪里高就，能有如此风光？"

欧阳新笑了笑："汉祺兄不必过于抬举小弟。真人面前不说假话。我现在还是跟着陈友仁先生做事。目前正为陈先生的社会民主党奔波。汉祺兄在社会局跟着吴局长干，一定是春风得意了！"

吴汉祺说："惭愧！我不过是跟着吴局长跑跑腿、混饭吃而已，哪有你老兄这般得意。"

欧阳新说："汉祺兄太客气了。吴醒亚是党国红人，跟着他定会青云直上的。以老兄的才干，何愁没有大好前途。"

吴汉祺叹了口气，说："我哪里是跟你客气！不瞒您说，我跟吴局长干的是一份苦差事。要到处跑，搜集情报。这年头要搜集到上面所需要的有用的材料，又谈何容易。我是常常苦于交不了差的。"

欧阳新一听有门，马上试探说："汉祺兄说的倒也是实情。我倒有一个建议，不知汉祺兄以为如何？你我目前的政治背景虽然不同，但工作特点是相近的。而且，我们在反对共产党这一点上可以说是殊途同归。既然如此，何不进行合作，经常互相交换一些情况，提供一些各自所获得的材料，岂不是彼此都能受益吗？"

吴汉祺一听，立即被欧阳新的建议所吸引了。他正为搜集不到更多有价值的情报而苦恼。因为他是要靠获得情报的数量和质量向上面邀功请赏的。单靠社会局的一点干薪，早就不能满足他的奢侈生活开销了。他很需要多搞一些情报来换取金钱。现在忽然有这个在陈友仁这位大人物手下做事的欧阳新出现，并且表示愿意和他合作交换情报，真是求之不得的好事了。他也早就听说过关于中国社会民主党的活动传言，但一直苦于得不到任何具体情况。如果能从欧阳新这里搞到社会民主党的活动情报，岂不正是一个向吴醒亚邀功的良机。于是他马上表态说："欧阳兄如此看得起小弟，愿意屈尊与小弟合作，正是小弟的荣幸，今后还望老兄多加指点，不吝赐教！"

欧阳新一看吴汉祺已初步入套，也马上热情地回答说："汉祺兄不必客气。我们既是互相合作，理当相互帮助。说到底，这是我们共同的利益需要。你说是不是？"

说到这里，两人同时笑了起来。

随后，他们约定今后见面的时间、地点和联络办法。

和吴汉祺接触，并获得初步结果之后，欧阳新向潘汉年做了详细汇报。他们又一起分析吴汉祺的特点与弱点，认为吴汉祺作为吴醒亚系统的情报人员，反共是坚决的。他除要收集中共方面的情报外，也要收集所谓中国社会民主党的活动情报，因为吴醒亚系统的人都不清楚CC叫嚷反对社会民主党的宣传内幕真相究竟如何，所以吴汉祺如能在这方面得到重要情报，就能在吴醒亚面前邀功，他就积极地表示要和欧阳新合作。另一方面，据说此人生活奢侈，挥霍甚巨，单靠社会局的一点薪金是不能满足的。所以也要争取获得有价值的情报，以取得额外的收入。根据上述分析，潘汉年和欧阳新决定设计一种假象：让吴汉祺知道欧阳新作为中国社会民主党的重要干部，除掌握该党的重要党务外，与欧洲、美洲的各国社会民主党以及和这些社会党关系密切的国际劳工组织也有联系。那时正好国际劳工组织有一个代表团来华活动，让欧阳新假称他现在很忙，国际劳工组织代表团正要求他帮助收集中国赤色工会和中国共产党的情况，先看看吴汉祺对这些有什么反应，然后再考虑怎样来利用他。为了使上述制造假象的设计可信，有事实根据，潘汉年和欧阳新特地动员复旦大学的关系，让他们秘密地贴一些署名为中国社会民主党欢迎国际劳工组织代表团，反对第三国际和赤色工会的标语，然后又据此写成新闻报道，并将稿件投到外国人办的《字林西报》《大美晚报》和两家中国人办的报上发表。

这一切都进行得很迅速，又很自然，效果很快就显现出来了。在定期会面时，欧阳新表示无暇与吴汉祺闲谈，要赶着回去编写中国赤色工会和中共的活动情况报告，但又苦于所得材料不够充足，便问吴有无重要的资料可供他参考。吴一听，精神立即振奋起来，马上从口袋里掏出一份载有中国社会民主党欢迎国际劳工组织代表团新闻消息的外文报纸，指出上面已用红笔画出的新闻向欧阳新问道："你们在复旦大学也有组织吗？"欧阳新回答："有，好几个大学都有支部，这些天为了欢迎国际劳工代表团，大家都忙得要命。"吴汉祺随即追问道："中国社会民主党和劳工国际是什么关系？编写中国赤色工会和中共活动的情报做什么用呢？"欧阳新故意隐隐约约地把自己编造杜撰的一套向他透露说，他是代表中国社会民主党和外国社会民主党、劳工国际等组织进行联络工作，目前来访问的劳工国际代表团要他帮助收集中国赤色工会和中共方面的情报，并且不惜支付巨额报酬，但可惜他在这方面材料不够多，问吴是否愿意合作。吴听了显然很感兴趣，只是可以提供的重要情报现在也没有。但他又表示可以想想办法，似乎不愿放过这种机会。欧阳新故意忙着要走，吴汉祺却有些恋恋不舍，表露出想知道合作条件如何的意思。欧阳新表示下次请他吃饭，再详细商谈一切。

欧阳新回到机关向潘汉年报告了与吴汉祺接触和取得进展的情况。他们一起仔细地研究后，认为吴汉祺已被我们的计划所吸引。其原因可能有两点：一是他急于想从欧阳新方面获取关于中国社会民主党的活动情况，好向吴醒亚的社会局表功，因为报纸上既已引人注目地报道了社会民主党关于欢迎劳工国际代表团的新闻。可是谁也不知道该党的具体情况及有什么活动。作为社会局的专职情报人员，吴汉祺不能不重视欧阳新在这方面正是一个重要而理想的情报对象。二是他听说劳工国际组织愿意出高价收买有关中共活动的情报，引起了他的金钱欲望，他垂涎欲滴地极想和欧阳新共分一杯美羹。但潘汉年和欧阳新都觉得吴汉祺目前的身份和能力都还不能满足我们利用他的最重要的目的——要他提供国民党当局，尤其是特务机关破坏中共组织活动的机密情况。他目前所能提供的大抵只是社会局方面的一般反共的宣传资料。这些都是公开散发的东西，没有多少价值，要达到利用的目的，还必须继续深入做他的工作，进一步把他引向我们设计的目标。先是要制造一些中国社会民主党的机密消息泄露给他，一来使他不怀疑欧阳新的身份，二来满足他搜集这方面情报的需要。做到这一点并不难，因为社会民主党本来就是CC制造的空中楼阁，完全可以制造一些无人可以否定的消息给他。然后再提出邀他合作，供给国际劳工组织所需要的情报。并强调：劳工国际方面所要的情报是从共产党方面取得的第一手材料，一切道听途说或者已经公开的宣传材料都不是他们所需要的。他们估计，这个要求吴汉祺肯定无法办到。欧阳新便可乘机指引他去接近专门从事破坏中共组织的特务、有关的审判人员以及保管在破获中共组织时所得到的秘密文件、被捕的共产党重要人员口供的档案人员等，从他们那里搜寻有关中共的秘密资料，这就等于直接从中共方面取得的第一手材料了。欧阳新还可以告诉吴，这是外国人经常采用的行之有效的办法。他们为此是不惜高价付酬的。

计议已定，欧阳新便按计划逐步进行。他准备了一份由潘汉年杜撰编造的所谓中国社会民主党的活动概况、社会民主主义的理论纲领以及一些宣言、决议、指示之类的文件，以便应付吴汉祺的需要。在合作的开头阶段，吴汉祺除了探询和索要一些社会民主党的情况外，他拿来的只有吴醒亚系统所搞的一些反共宣传资料和社会局下发的一些指示文件以及社会局所搜集到的一些中共和各革命群众团体所散发的宣传品等。吴汉祺一再说明，他只能提供这些。欧阳新则明确表示这些资料外国朋友已经收到很多，他们并不需要。他们所迫切需要的是中共机密资料，如中共的秘密决议、指示、工作计划，第三国际的指令，苏联帮助中国红军的情况等原件。吴汉祺表示，他无法取得上述资料，除非想办法去寻找中共的关系。欧阳新立即故作兴奋的样子，问他认识中共方面的什么人？是不是重要干部？吴汉祺有些面红耳赤，不好意思地回答说：他眼下一个也不认识，仅知道几个左翼文化人。欧阳新表示失望地说，左翼文化人都是公开的中共外围，能知道什么重要情报呢？他劝吴汉祺另想办法。

到了约定的下一次见面之日，潘汉年要欧阳新先给吴汉祺打个电话，问他想出了办法没有，如尚无办法，就说过些日子再见面，看看他的态度如何。这无疑又是欲擒故纵的手法，目的是加快把他引向利用的目标。吴汉祺接到电话后，开始仍是坦率地承认他还没有什么好办法，但当欧阳新说暂时不想再见面时，他便有些紧张，立即改变口气，支吾其词，说已经想到了一个什么办法，请欧阳新即去见面，并称还有其他要事相商。看来他已把欧阳新这个关系看得很重要，唯恐失去良机。这正是我们可以利用他的有利条件。于是欧阳新立即前去找他，可是见面之后，他仍然拿不出肯定办法，只临时想了一个办法应付：说他有个朋友过去是共产党，认识不少中共要人，可以请他想想办法。欧阳新问这个人是谁，他说叫周全平，周拥护罗章龙路线已被中共开除，现在哈尔滨，可以把他请来谈谈，不过要寄路费给他。欧阳新一听，便知他在敷衍，但也不便说，只是回答：远水难救近火，外国人不可能久等。况且周全平既已被中共开除了，恐怕也就难以再接近中共要人。吴赶忙补充说，周全平可能找到还留在共产党内的知心好友，只要他肯回来，总是会有办法的。欧阳新也只好表示同意，随即起身准备离开。吴汉祺这时却有些吞吞吐吐起来，问应当寄给周全平多少路费合适？欧阳新说，你自己酌量，事成之后，可以给予报销。说完就又要走。吴汉祺这时竟情不自禁地一把拉住欧阳新，恳求他留下再谈一下，先讲一通他从吴醒亚那里听来的蒋介石与汪精卫、广东陈济棠、广西李宗仁、白崇禧等内部的矛盾冲突新闻后，接着就讲起他个人的生活近况。说他新娶了一个姨太太，如何地大方，擅长跳舞，但却是瞒着原妻另住一处的。他要介绍这位新欢给欧阳新认识。渐渐地，吴汉祺终于将话题转到他所要急于表达的正题上来，说他现有一妻一妾，分居两处，开销很大，目前需要一笔钱应急，加上要寄给周全平的路费，所缺就更多，问欧阳新能否帮忙，他将在今后帮助搜集中共情报方面作出更大努力作为报答。欧阳新认为这是一个机会，应当乘机抓住他的小辫子，便慨然允诺，先掏出五十元给他，说待下次见面时，他请外国朋友预支一笔酬金给他应急，便问他还需要多少，吴称至少还要一百元。欧阳新表示一定帮忙，不过要请他尽快帮助完成给外国朋友提供情报的任务。吴汉祺为讨好欧阳新，还硬拉他一起到他的姨太太新居去坐了坐，介绍他们认识。

欧阳新回到情报科报告了经过。潘汉年和他一起研究了下一步的对策，认为现在对吴汉祺的态度可以急转直下了。首先要告诉他等周全平回来再想办法是不切实际的，被中共开除了的党员不可能再找到共产党的重要负责人。即便找到一两个以前相熟的人，也不可能得到重要的情报。然后就告诉他，完成搜集中共情报任务的捷径是去找市党部、警备司令部、租界巡捕房政治部等有关部门想办法，他需要的钱可以满足。

当欧阳新再次和吴见面时，首先给他一百元，声称“这是从外国朋友那里预支的情报费。如果咱们交不出人家要的材料，失了信用，就不好应付了”。吴汉祺又是感激，又是狼狈、惶恐。欧阳新立即向他指明等周全平回来不是好办法，不但转弯抹角费时间，而且也不一定能成功。外国朋友岂能白花钱。如果仍弄不到一点重要情报给他们，以后就不好办了。不如找专门对付共产党的军警党政部门想办法，找那里和这项工作有关的朋友帮忙，从他们在破获中共组织时所搜查到的文件或审问被捕中共人员的供词中提供我们所需要的情报。欧阳新强调说，这叫间接取材法，比直接找中共分子来的便当。吴汉祺仿佛茅塞顿开似的立即同意，说这是好主意。假如不直接找共产党，他就有办法了。他想了一下，便说他有一个朋友徐某，现在法租界巡捕房做翻译，此人的长兄在警备司令部任总务处处长，他可以去找他们想办法。欧阳新见吴已按照预定的设计接受了我们的指派任务，立即对他大加鼓励，要他好好干；告诉他，在这方面要用一些交际活动费，他可以负责解决，关键是能取得可靠的情报材料。吴汉祺表示，一定努力去办。

不过事情的发展仍然很曲折。吴汉祺虽然想急于做成交易，他的那位朋友徐某却有些不放心。这位徐某在巡捕房任翻译是经常同外国人打交道的。他怀疑，所谓国际劳工组织代表要收买巡捕房，从搜查和审讯中得到中共秘密情报资料，为什么不直接找巡捕房里的外籍警探首脑活动，何必要通过中国人从中代庖呢？因此。他和吴汉祺商量，认为欧阳新虽有陈友仁的政治背景，但终究不十分明了底细。他们想直接见一见国际劳工的外国朋友，以便证实。于是，在下一次约定见面时，吴汉祺表露这个意思。欧阳新立即表示，他不能任意介绍外国朋友与他们相见，除非外国朋友愿意。他要同人家商量之后才能决定。欧阳新回来向潘汉年请示该怎么办。潘汉年一时也想不出好办法来排除徐某的疑虑。决定不如暂时放松一下，在欧阳新再与吴见面时，就说外国朋友表示在没有取得较有价值的情报资料之前，不愿随便见面，要欧阳新用满不在乎、若即若离的态度应付，决定在这期间，不再给钱，也不催促他去找情报，看看吴的反应以后再说。在这种情况下，吴却积极起来。他并不因为见不到外国朋友而消极放松。他干脆介绍欧阳新与徐某见面相识，要欧阳新当面告诉徐在巡捕房和警备司令部该怎样活动，欧阳新立即表示同意。

这是1931年六七月间的事。那时潘汉年正接到中央指示，要他们具体侦察已经被捕并已被引渡关押在淞沪警备司令部里的向忠发的情况，特别是要打听向忠发将在何时被押送去南京？从什么地方上车？中央特科准备组织武装力量拦劫囚车，抢救向忠发脱逃。潘汉年立即要求欧阳新利用吴汉祺和徐某在警备司令部任职的长兄的关系，打听向忠发在警备司令部的关押情况，有什么新口供，当局准备如何处理，等等。当然不便于直接打听何时将被押往南京的情况。事实上，对于向忠发被引渡到警备司令部之后的情况，中央特科所掌握的也很少，只有一些点滴的消息，而且不具体、不全面。要得到向忠发被押送去南京的情报也必须先从侦察一般的关押情况入手。目前既已有了徐某和他哥哥的关系可以利用，也就不致问道于盲。欧阳新按照潘汉年的意图，着重要吴、徐二人及时收集有关向忠发的情况，有意强调要向忠发的口供笔录以及从向忠发的案情中发现中共活动的情报，只要情报真实可靠，可以付给相当高的代价。

事情竟出人意料地顺利。几天之后，徐某就探听到了以下情况：警备司令部已结束了对向忠发的审讯。警备司令熊式辉在向忠发被引渡过去之后，曾密电正在江西前线的蒋介石，请示如何处理。蒋的复电是“就地秘密枪决”。不久，中央特科从其他渠道也探听到向忠发确已被枪杀。情报证实之后，潘汉年、欧阳新即以付给交际活动费的名义，给了吴、徐一笔钱，随即又鼓励他们设法搜集到向忠发的供词及其他有关资料。过了几天，他们对保管向忠发供词的文书已活动成功，要求一千元的代价，即可将全部供词抄出。他们二人的酬劳费除外。

向忠发的供词全部抄出、交来了。潘汉年看了之后大吃一惊。原来向忠发已在狱中自首了，供词中涉及不少有关中共中央的机密，连顾顺章叛变后，新改组的中央特科情况也供出来了。但蒋介石为什么要枪毙他，而不利用他的叛变自首呢？这是一个疑团。潘汉年立即将向忠发的供词送交中央。周恩来亲自审阅了这份供词。他初看时，曾怀疑这个口供的真实性，也可能是敌人伪造的向忠发的口供，以打击革命者的士气，动摇我们的队伍。否则，蒋介石为什么要急电熊式辉就地秘密处决呢？让向忠发公开自首，岂不是作用更大吗？但周恩来继续仔细研究了供词的内容之后，终于肯定向忠发是自首叛变了。他分析供词中的若干最机密的事项，除中央少数负责人以外，没有其他人知道。除了向忠发提供外，敌人是无法伪造这些内容的。至于蒋介石为什么要立即枪毙他，可能别有原因。周恩来命令中央特科继续侦察。同时，中央命令白区和苏维埃区域停止预定的一切悼念向忠发的活动。不久，潘汉年又从吴、徐处得到情报，据他的哥哥、警备司令部总务处长说：当熊式辉密电蒋介石请示如何处置向忠发时，还不知道向已决心自首叛变。蒋接电后立即复电就地秘密枪决。熊式辉却没有再呈报，即按蒋的复电执行了。使人意外的是，熊式辉不满陈果夫、陈立夫在蒋介石左右弄权跋扈，三次审讯向忠发，竟不让CC特务参加（捕获向忠发，原是CC组织干的）。枪毙向忠发之后熊又将向的自首供词隐藏起来不让CC特务参阅。这就是向忠发叛变后，CC特务机关未能利用这份供词作反共宣传，搞所谓心理作战的原因。据说蒋介石和二陈一直都不知道向忠发自首的事。直到抗战前夕，吴汉祺已脱离吴醒亚系统，投入了汪精卫、陈公博的改组派后，他将这份向忠发的供词副本（是他当初抄存副本的复写件）略加删改发表在改组派的一个刊物上。但这时已时过境迁，并没有引起大的反响。

潘汉年很清楚，吴汉祺是个坚决反共的人物，政治上惯于投机取巧。我们利用他不能没有一定的限度。虽然根据其具体的历史条件，因势利导地利用了他一段时间，并且在向忠发事件上起了重要的作用。但是欧阳新所伪装的陈友仁的政治背景及其身份是不可能长期保持下去的。在吴汉祺提供了向忠发的供词之后，也没有再从他那里弄到什么重要情报。不久潘汉年与欧阳新商定，找一个借口便断绝了同吴汉祺的关系。

第六章　斗智斗法　巧妙反击"伍豪事件"

中央特科所承担的"保卫自己，打击敌人"的任务是相当广泛而且是错综复杂的。

1932年2月16日至21日，在上海的《时报》《新闻报》《时事新报》《申报》等几家报纸上，先后登出了一则令人惊诧的所谓伍豪等二百四十三人脱离共产党启事。内容称："敝人等深信中国共产党目前所取之手段，所谓发展红军牵制现政府者，无异消杀中国抗日之力量，其结果必为日本之傀儡，而陷中国民族于万劫不回之境，有违本人从事革命之初衷。况该党所采之国际路线，即苏联利己之政策。苏联口口声声之要反对帝国主义而自己却与帝国主义妥协。试观目前日本侵略中国，苏联不但不严守中立，而且将中东路借日运兵，且与日本订立互不侵犯条约，以助长其侵略之气焰。平时所谓扶助弱小民族者，皆为欺骗国人之口号。敝人本良心之觉悟，特此退出国际指导之中国共产党。"

这则《启事》的内容，通篇都是当时的反苏反共的八股，并无新奇之处，和当时一些类似的反共宣传品如出一辙。但关键是《启事》的领衔者"伍豪"这个名字在中共党内以及社会上层圈子内的许多人都知道是周恩来的化名之一。周恩来当时在中共党内无论是就其威望还是就其实际发挥的作用来说，都是非常重要的领袖人物，当然也是国民党当局最嫉恨也最害怕的主要对手之一。因此，国民党的特务机关就蓄意制造了这样一起政治陷害事件，目的无非是败坏共产党的声誉，并企图通过这种卑劣和造谣中伤手段来离间共产党内部的关系，制造对周恩来的不信任。这则《启事》的炮制者乃是当时国民党中央组织部调查科总干事、深得CC派首领二陈（陈果夫、陈立夫）器重的张冲。他利用特务机关的权势与金钱迫使这几家报纸一律登出了这则纯属无中生有的政治谣言。

《启事》登出后，中共中央立即采取了一系列的反击措施。这个《启事》本身就有明显的破绽，所谓"二百四十三人"，明眼人一看便知，这是个虚拟骗人的数字。倘若真有这么多人的集体行动，何不一一列出以显示共产党的

“众叛亲离”?!大抵是觉得制造二百多人的假名也太那个了。更大的漏洞是，远在这则《启事》登出之前，即1931年的12月初，周恩来就已经离开上海进入江西中央苏区。《启事》出笼时，周恩来正在苏区主持中央局的工作。国民党特务机关的情报工作原来并不灵通。因此，公开反击这则《启事》，首先就是由中央苏区的苏维埃政府作出的。2月下旬，毛泽东即以苏区临时中央政府主席的名义发出布告，指出“事实上伍豪同志正在苏维埃中央政府担任军委会的职务”，“这显然是屠杀工农兵而出卖中国于帝国主义的国民党党徒的造谣污蔑”。与此同时，在上海的中共中央机关报《斗争》和《实报》上也分别发表了辟谣的声明，指出所谓的“伍豪等脱离共产党启事”不过“是国民党造谣污蔑的新把戏”。上海地下党组织还广为散发了《反对国民党的无耻造谣》的传单，指出这“并不能动摇共产党在劳苦群众中的威信”。

但是，无论是中央苏区苏维埃政府的布告，还是上海地下党中央在党的刊物上的声明，以及秘密散发的传单，其范围和影响毕竟都较小，都不足以抵消国民党公开在报纸上造谣污蔑所造成的恶劣影响。因此，中共中央和中央特科还需要利用合法的手段，在公开的报纸上做一点反击文章，争取最大限度地发挥反击效果，在公众中乃至国际间消除影响。就在那则所谓“伍豪等……启事”见报后，又在《申报》登出了另一则广告：“伍豪先生鉴：承于本月18日送来广告一则，因福昌庆公司否认担保，手续不合，致未刊出。申报馆广告处启。”这则广告表面上看，和那则“伍豪等……启事”并无直接关系，但有心人也很容易看出：那个“伍豪”可能是假的。真正的伍豪还另有一个“广告”要求登出的。这在一定程度上可以曲折地起到辟谣的作用。这则“广告”是经《申报》负责人史量才先生授意刊出的。他是一位开明进步的报人，虽然知道国民党特务机关炮制的那一则“伍豪等……启事”是造谣中伤，但却无法抗拒国民党当局施加的压力而不得不刊登。但他随即就按中共方面的要求，登出了这么一则迂回曲折的辟谣广告。也可以说是用心良苦了。然而这则“广告”所能起的反击作用，也仍然是不够有力的。为此，中央特科在进一步研究之后，决定再由潘汉年出面找著名律师陈志皋，希望他能代表伍豪公开在报纸上登一个能够直接起到辟谣效果的启事，以增加反击国民党造谣诬蔑的力度。

潘汉年通过和陈志皋最接近的黄慕兰找到了陈律师，坦诚地向他提出了自己的要求。这陈律师一向比较进步，乐于帮助进步力量办事。听了潘汉年所提出的要求后，思考再三，也坦诚地说道：他作为一个中国人，直接出面办这件事，一旦被国民党当局追查起来反而容易被动。他建议，不如由他代找一位外国律师来承办此事。因为外国律师在租界地区享有一定特权，国民党当局是不敢轻易找麻烦的。潘汉年一听，觉得有道理，于是就进一步通过陈律师的介绍，找到了著名的法国籍律师、《申报》常年法律顾问巴和。经过一番策划、斟酌，很快，即在3月4日的《申报》上，就以显著的位置刊登了一则《巴和律师代表周少山紧要启事》，全文如下：

兹据周少山君来所声称：渠撰投文稿曾用别名伍豪二字；近日报载伍豪等二百四十三人脱离共产党启事一则，辱劳国内外亲戚友好函电存问；惟渠伍豪之名除撰述文字外，绝未用作对外活动，是该伍豪君定系另有其人；所谓二百四十三人同时脱离共党之事，实与渠无关；事关个人名誉，多滋误会，更恐有不肖之徒，颠倒是非，借端生事；特委请贵律师代为声明，并答谢亲友之函电存问者云云前来。据此，合行代为登报如左。

事务所法大马路四十一号六楼五号

这个“紧要启事”的刊出，就更加清楚有力地驳斥了国民党制造的那个所谓“伍豪等……启事”的谎言了。周少山是周恩来的另一个化名，这在中共党内以及社会上层圈子内也是很多人都知道的。据了解当时情况的李一氓回忆说：“这个启事没有用伍豪的名义而用周少山的名义，又说伍豪

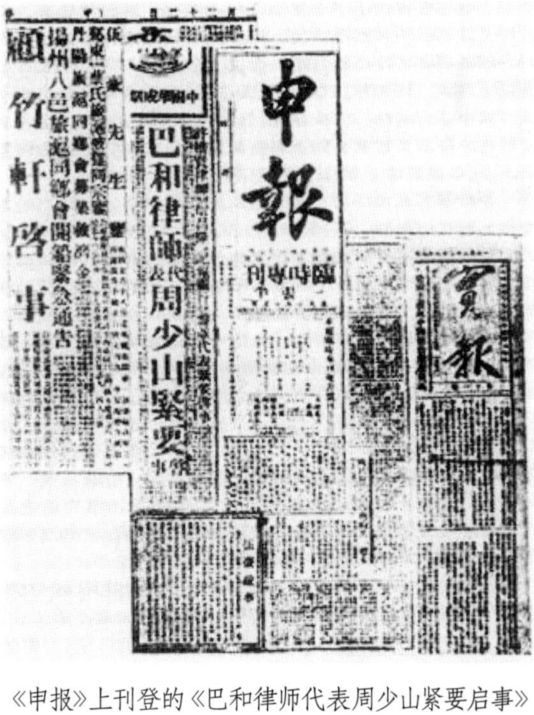
申報
巴和律師代表周少山緊要

《申报》上刊登的《巴和律师代表周少山紧要启事》

是周少山自己的笔名。这个小动作很妙，因为启事登出后，国民党曾派人去找巴和，问伍豪在哪里。巴和说：我的当事人是周少山，仅仅笔名叫伍豪，你们要找的伍豪当然不是这个，而且他自己也登有启事，你们可以直接去找他。这个启事的内容，明显地分辨出那个伍豪启事是伪造的，因而我们没有很琐碎地去反驳他那些反苏反共的言论。”（《模糊的荧屏》，人民出版社出版）

这个“紧要启事”的策划，反映了潘汉年在中央特科工作期间对敌斗争的另一个侧面；利用合法的形式同敌方斗智斗法，并取得了良好效果。虽然刊登这个“启事”花了整整一百元大洋，另外还赠了一幅古画给巴和律师，但从政治效果上看，无疑是值得的。

以国民党特务机关炮制“伍豪等脱离共产党启事”为始，以中央特科策划的“周少山紧要启事”而告终，这起引人注目的“伍豪事件”终于在闹腾了半个多月之后结束了。在这场政治斗争中，国民党特务机关并没有达到他们想要达到的预期目的。而中共方面在潘汉年等人的努力下，却取得了明显的“反击”效果。

然而后来历史的演变，却给中共方面开了一个可悲的玩笑：35年后的“文化大革命”高潮中，即1967年的春天，一群红卫兵在查阅旧报纸时，偶然发现了当年上海报纸上刊登的那则“伍豪等二百四十三人脱离共产党启事”。这一群年轻人为“文化大革命”建功立业心切，并没有耐心地去弄清楚这“伍豪事件”的来龙去脉，也没有再查一查另一则“周少山的紧要启事”以及这周少山和伍豪之间的等同关系，就贸然将“伍豪等脱离共产党启事”的材料上报给中央文革。早就居心叵测的江青见此材料则如获至宝，立即来个突然袭击，将此材料转送给林彪、周恩来、康生，并声称：红卫兵要求和她面谈此事。江青显然是想利用幼稚无知的红卫兵之手，将一盆污水猛然向周恩来的身上泼去，即使不能因此而诋毁周恩来的光辉形象，甚至进而打倒周恩来，至少在精神上可以给周恩来以突然的一击。周恩来在接到江青送来的材料之后，果然以极严肃认真的态度，又是给江青写信作解释，又是让人将当年他离开上海前后那一段时间的旧报纸统统找来仔细查阅，然后将他自己从1931年1月党的四届四中全会起到1932年2月（即那一则“伍豪等启事”出笼时）止的整整一年时间内的重要活动逐月逐日地写成了一份《大事记》送中央备查。周恩来深知，中央文革当时正利用旧报纸材料大搞所谓“61人叛徒集团案”，乘机掀起所谓“揪叛徒”的浪潮，以打击一大批老干部。他如果不采取积极主动的说明辩解的态度，便有可能陷入被动。可是，当他将自己写的上述说明辩解材料送呈中央并毛泽东主席时，毛泽东只批了“送林彪同志阅后，交文革小组各同志阅，存”。这17个字，并未完全解除周恩来的某种精神负担。直到1968年的1月，又有人提出这件事时，毛泽东才做了“此事已弄清，是国民党造谣污蔑”的否定批示。后来，毛泽东又让周恩来在适当的会议上讲一讲这个问题，并录音存入档案，使后人了解。到1972年中央召开批林（彪）整风汇报会时，周恩来遵照毛泽东的指示，在会上专门讲了这件事，并录了音存档。1975年9月，周恩来病重，在一次做手术之前，分明意识到自己的生命或将不久于人世，他又让人将他为这件事所做的讲话记录稿拿到病房里来，郑重地签上自己的名字，以示完全负责到底。由此可知，为了这件所谓的“伍豪等脱离共产党启事”的旧案，周恩来竟被折磨了八九年时间。李一氓说：“可惜当时周恩来不知道我们已经替他登了一个有力的否定启事；加之‘红卫兵’告状以后，没有人找潘汉年和我查问一下，那样的话，凭这个启事（指周少山的‘紧要启事’）就可以解决问题。”其实，江青和中央文革不过是借题发挥，存心要打击周恩来，他们哪里还会去认真调查。当初策划为周恩来辟谣，熟知整个事件过程的潘汉年，就在中央文革直接控制的专案组手里，他们是随时可以调查“审问”的。只是他们不想做罢了。

具有某种历史讽刺意味的是：当年国民党特务机关用造谣的手段诬蔑周恩来，企图打击周恩来的威信，离间中共领导层的内部关系，这一阴谋当时由于中共采取了及时有力的反击措施而未能得逞。而在很多年之后的“文化大革命”运动中，却使国民党当年制造的这一阴谋部分地达到了目的。当年直接炮制所谓“伍豪等脱离共产党启事”的张冲本人，后来在第二次国共两党谈判以及两党合作抗日的过程中，和周恩来、潘汉年都成了真诚的朋友，事实上已经有“悔不当初”之意了。倒是中共自己的某些人如江青之类，却对张冲当年炮制的谣言颇感兴趣，并抓住不放。部分地实现了国民党特务机关当初设下的图谋。历史真会拿人开玩笑。

第七章　不拘一格　建立广泛情报网点

中国共产党是一个具有远大革命目标的政党。建党以后，无论在怎样弱小和怎样的困境中，她都没有放弃自己的远大目标。经历了大革命的失败，党员人数由六万剧降到只有一万多的时候，在国共合作的革命统一战线彻底破裂之后，中国共产党更是独立担负起了领导和推进中国革命运动的重任，把夺取全国政权建立民主共和国作为直接的奋斗目标。因此，她所开展的各项工作，都不只是某种权宜之计，而都是为了实现长远的战略目标的一部分。中央特科在1927年11月建立时，基本任务是为了保卫自己的首脑机关和领袖人物的安全，内部机构的设置与分工也并不很健全。但随着形势的发展，特科的任务和内部机构的建立与分工便逐渐发展、扩大，趋于健全。特科情报系统到潘汉年负责主持时，任务已不单是为了保卫自己安全和打击叛徒特务这样有限的范围，情报工作的视线已不断放大。为了向中共中央提供更多更广泛的信息，为中央考虑和制定战略与策略提供更充分依据，情报系统在围绕保卫自己打击叛徒特务任务开展工作的同时，又逐步把视线放开，着眼于全局和未来，系统地搜集全国乃至全世界的有关政治、军事、经济、文化以及各类社会情报资料。这些情报虽不一定能够直接为当前革命斗争服务，但对于研究未来革命形势的发展和制定战略目标却具有重要的价值。

要在更大的范围内搜求更广泛的各类情报，仅仅依靠情报系统自己的干部，包括一部分作为内线的人物在内，自然是远远不够的。在当时的历史条件下，情报系统还不可能建立有一定规模的专业性的调查研究队伍，于是便逐步探索与开拓了一条新的情报工作思路：把目光投向一部分具有相当社会地位和声望，又在不同程度上支持或同情革命的上层人物的身上。通过种种关系，接近他们，和他们交朋友，争取他们在可能的范围内为革命做力所能及的贡献。具体地说，就是要求他们利用他们经常参与上层社会活动的有利条件，把他们所见所闻的各方面情况直接或间接、口头或书面告诉情报系统负责和他们联系的人。这些人的具体情况，当然也是各不相同的：有的是早期民主革命的先驱者，有的是从学界走上政界的名人，有的则是宦海沉浮多年、思想日渐转向进步的政客，等等。情报系统对他们也并不提出特定的具体要求，而是从他们自身的实际情况出发，从他们自己的观察所得，顺便完成情报系统期望他们完成的任务。这些人中间，有的一直是中共的盟友、爱国的民主人士，长期和中共合作共事；有的后来成了中共的秘密党员；也有的在后来和中共分道扬镳了。

例一：王绍鏊先生曾经追随孙中山先生参加旧民主革命，是一位老同盟会会员，又是章太炎的门生，当过北洋政府时代的国会议员。他在长期的社会实践中，逐步看清了形势，提高了觉悟，终于在思想上有了重大转变，坚定地走上了革命道路，成为中共的真诚朋友，并参加了党的情报工作。他从20世纪30年代到40年代，一直担负着秘密收集情报的任务。潘汉年和他有多次交往，接受过这位著名革命前辈提供的许多情报。根据他的身份特点，只要求他以一个同盟会会员和革命老前辈的姿态出现，团结一批与他同时代的不满蒋介石专制独裁统治的政治活动人物，其中大部分是北洋政府时代国会议员的苏、浙、皖籍的人士。他和这些老朋友在日常的接触、交往中，以闲谈时事的方式，广泛收集一些有关的政治情报。这些情报虽然不是第一手的机密资料，但对革命工作也有参考价值。他还借此联系、团结了不少革命的同情者参加了革命的情报活动，其中有地方实力派、部队军官、中下层官吏等，扩大了中共的普通情报网络。

由于王绍鏊老练、沉着、机智，不仅在扩大一般的情报网方面起了作用，而且在中共党的地下活动遇到严重困难时，还掩护了党的许多秘密活动，保护了情报组织的安全。虽然他个人并没有直接参加过什么重大的情报活动，但实际上却担负了一个方面的基础工作，其功绩不可磨灭。抗战胜利后，国内进入解放战争时期，他参加了中国民主促进会组织，同马叙伦、许广平等人从事公开的民主运动，同时仍继续担负着部分秘密工作的使命。在长期的革命斗争中，他一直是中共的忠实可靠的朋友。除了从事秘密工作之外，在其他战线上，他也作出了重要贡献。

例二：杨度在中国现代史上可以说是一位极为奇特的人物。他是湖南湘潭人。曾留学日本，在袁世凯政府任过参政院参政，后组织“筹安会”并任会长。是袁世凯复辟帝制的主要鼓吹者和支持者之一。袁世凯死后，杨度一直

杜月笙

流亡在上海，成了海上寓公，受到杜月笙的器重和保护，是杜家的座上客。

杜月笙本是上海帮会的首脑人物之一。在镇压上海工人运动和制造四一二反革命政变中，因为帮了蒋介石的大忙而红极一时。蒋介石对他称兄道弟，朝野一班显贵、军阀政客、党棍等，同他都有往来。因此，他不仅是一个沟通三教九流的头面人物，而且成为国内重大的政治、军事、经济活动方面的知情人物之一。他那里是可以成为一个重要的情报来源的。

但中共要派一名自己的干部深入到杜月笙的左右并不容易，因为符合这样派遣条件的人一时也不可能物色到。于是，情报系统便经过深入细致的工作，将杜月笙的座上客杨度争取过来，由他负担起搜集情报的任务，起到了中共自己派人难以起到的作用，收到了很好的效果。

杨度，之所以成为中共的一个重要情报人员，是因为他在杜月笙那里有特殊的地位。杜月笙为了扩大势力范围，提高自己的身份、地位和名望，在他的身边聚集了一大帮各式各样的人物。曾经是袁世凯谋士和重臣的杨度受到了杜月笙的格外重视和尊崇。杜月笙公开向杨度投递门帖，拜杨为师，并请杨做他的顾问，还赠给杨一座小洋房居住。杜月笙认为杨度是擅长纵横捭阖的智多星，常将重大的政治、经济、社会活动就商于杨度。杨度因此而获悉了不少的内幕消息。他便将这些消息作为情报材料不断向我情报机关提供，为中央了解和研究敌情等起了重要的参考作用。

杨度是怎样争取过来的呢？这是陈赓主持情报工作时的事。那时陈赓有一个同乡，又是他少年时代的朋友，外号叫“王老九”，此人和杨度相熟。王老九有时从杨度那里听到一些消息，便向陈赓报告。逐渐地，杨度便成为一个情报来源。在剧烈的历史变革中，杨度从一个封建遗老和失意政客，逐步认识到中国共产党是当时中国社会中最有前途的新兴的政治力量。他知道王老九和中共方面有联系，便打算通过王老九的联系接近中共。他向王表示，自己一生经历了封建主义、资本主义，眼见都失败了，看来只有中共的社会主义必将兴盛，能够改变中国的命运。他表示愿意为中共的革命事业尽一份力量。王老九将他的心意向党作了报告。党中央认为杨度能够看到世界革命潮流的趋势和中国革命发展的前景，这是难能可贵的。杨度现在是杜月笙的幕后人物，对我们的情报工作很有帮助。中央要情报系统派人和他做一次长谈，并直接向他布置收集情报的任务。大约在1929年，经情报系统人员介绍，经周恩来亲自批准，杨度被吸收为中共秘密党员。

1931年5月，顾顺章事件发生后，中央保卫机关改组，陈赓调离时，将杨度的关系移交给了接任的潘汉年，由潘和杨保持单线联系。在和杨度的联系与交往中，25岁的潘汉年和比他年长一倍以上的杨度建立了融洽友好的情谊。潘汉年对杨度这位前辈名士十分器重，杨度对潘汉年这位年轻有为的共产党人也极欣赏，后来，潘汉年又将杨度的关系交给当时也参加了情报系统工作的夏衍。当潘汉年带着夏衍去杨度的寓所进行关系的接交时，潘汉年向杨度引介夏衍说："今后由他和您单独联系，他姓沈，是稳当可靠的……他比我大六七岁，我们是老朋友。"但潘汉年却不向夏衍介绍杨度的名字和身份。在离开杨度的寓所之后，潘汉年也只对夏衍简单地说："这是一位知名人物，秘密党员，一直是我和他单线联系的，他会告诉我们许多有用的事情，你绝对不能对他怠慢。"始终没有向夏衍直接透露杨度的名字。出于秘密工作的原则和习惯，夏衍也没有向潘汉年多问什么。直到大约半年之后，才由杨度本人向夏衍介绍了他自己。

例三：胡鄂公先生，字新三，号南湖。辛亥革命后曾任湖北军政府高等侦探科科长和鄂军水陆总指挥。后来又当过北洋政府的国会议员。在曹锟进行贿选时，他坚决反对，愤而辞职南下。几经周折后，逐渐转向，接近革命左派人士，并参加了左翼社会科学家联盟、自由大同盟等革命团体的活动，一度靠拢中国共产党。在中央保卫机关扩大一般性的情报队伍时，因为胡的社会关系复杂，对新老官僚政客均有所接触了解，便决定征调他为志愿情报人员，但并不向他布置特定的专门任务，只要求他凭借自己的社会关系，搜集一般性的政治情报。虽然他给情报系统提供的材料，往往是有闻必录式的，但其中却反映了不少统治集团的内幕新闻消息以及他们内部的矛盾冲突，还反映了蒋介石政权的政治、军事、外交等方面的一些新动向，对党的整个工作具有重要的参考价值。例如胡鄂公向情报部门报告过当时政学系头面人物杨永泰为逐步包围蒋介石，积极向蒋建议推行保甲制度以配合军事“剿共”。杨还不惜屈就蒋介石的所谓“剿匪”总部秘书长职务，作为他进一步包围蒋的晋身之阶，反映了国民党内部派系的尖锐矛盾。后来杨永泰果然为CC派所嫉恨而被暗杀。胡鄂公还向情报部门提供了华北事变后，蒋介石怎样通过亲日派黄郛签订所谓“何梅协定”的内幕材料。类似这样带有战略意义的重大政治秘闻，胡鄂公不过是他同各类政客交往时茶余酒后搜集而来的，并不费多大的功夫，但却不是中共一般的情报人员所能轻易办到的。胡鄂公熟悉旧官场的纵横捭阖手段，善于联系当时被蒋介石排挤和压迫的政治人物，以进行反蒋的活动。例如当时冯玉祥在军事上、政治上都被蒋介石搞垮了之后，表面上息影泰山，实际上是待机东山再起。他在暗中策动他的旧部在察哈尔、绥远抗日，同时又邀请第三党和托派人物研究新的政治出路。冯玉祥旧部中的吉鸿昌此时已经加入中共，他坚决不同意第三党和托派的所谓既反蒋又反共的第三条道路，在实际行动中，他统领的部队以联合战线的名义，积极推进抗日活动，发展迅速，深得人心。冯玉祥也因此有所震动。但他仍旧害怕赤化，多少有些摇摆不定。这时，胡鄂公乘机向冯玉祥去游说，力陈反蒋抗日必须联俄联共的重要性。不仅说动了冯玉祥，使他改变了摇摆不定的态度，而且促成冯玉祥本人秘密写信给中共中央，表示愿意加入共产党，坚决反蒋抗日，从而使中共对冯玉祥的政治动向有了进一步的了解，并为华北地下党坚决执行支援察哈尔、绥远的抗日活动，反对托派及其他第三条道路的消极反蒋抗日的错误政策，推动联合战线为基础的武装抗日斗争提供了更充分的依据。

情报工作当然并不只限于收集情报资料本身。事实上，它还包括了情报信息的传递，情报机构内部的管理等日常工作。在当时的条件下，所有这些相关的业务工作，都必须十分隐蔽、稳妥，绝对不能让敌方的鹰犬察觉其中的奥秘。即使万一露出了一点蛛丝马迹，也要能够防止事态扩大，及时切断可能涉及和牵连的线索。

特科情报系统有相当大的经费收支和周转调拨业务，而且必须严守秘密。如果管理不善或是暴露了机密，就会引起敌特机关的注意，后果严重。特科自己的情报干部一般也不具有这方面的特长和经验，为了解决这个难题，潘汉年通过陈云的介绍，结识了原在商务印书馆工作，后来进入了经济交易所做经纪人的章秋阳先生。章秋阳是工商界名流章乃器的胞弟，很有经济头脑，政治上同情革命，和中共一些人士交往甚深。他的交易所经纪人身份十分适合于处理一些经济事务，潘汉年便请他帮助情报系统工作，主要是利用他的公开职业和身份掩护情报系统的大量经济收支与周转。章秋阳果然不负重托，很好地完成了这项难度不小的任务，从未发生过意外。而他之所以能够如此，正是得力于他的社会职业特点。除了帮助情报系统办理经济收支等业务外，他还利用工作方便条件，经常为情报系统提供一些重要的经济情报资料，这对于中共分析国内外形势，制定政策和策略，也显然具有重要参考价值。

由于章秋阳有这样一个公开职业掩护，潘汉年又把他作为一个秘密联络点发挥作用。1935年春，潘汉年和陈云在川康边境的长征途中受中央派遣，决定分头离开红军重返白区工作时，他们约定在上海会合的秘密联系点，就是选择了章秋阳所服务的经济交易所。

特科情报系统的任务之一，是帮助中央和各地的中共地下组织及其负责人保持联系。具体联系办法和联系渠道当然并不限于某一种和某一处。但其中有一个办法却可以说是既巧妙又简便而且迅速和安全的。这就是通过邮电局发公开明码电报。其前提条件就是在邮电局内部预先安置有可靠的内线关系。潘汉年在北伐军总政治部工作时，曾认识一位名姓徐的朋友，他不是中共党员，但同情革命。大革命失败后，他因反蒋而离开了军界，辗转来到上海后，在邮电局找到了一份工作，后来在左翼文化活动中又和已经转入地下的潘汉年相遇。他知道潘是共产党人，但他并不忌讳。相反，他对革命仍抱有极大的同情，愿意帮助革命做些有益的事情。经过一段时间的观察，潘汉年认为此人忠实可靠，便将他介绍到情报系统，并根据他的社会职业特点，分配他担负一部分与外省市及中共地下组织及其负责人电信报警和电信联络的任务。具体办法是：外地的中共地下组织如果发生重大事故或是遭到严重破坏时，当地的有关部门负责人需要向上海的中共中央报警或联络，就用事先预约好的暗语，向上海发出明码电报。这种电报的收报人、地址，都是情报部门和徐事先约好的，实际上是根本无法投送的所谓“死电”。徐在电信局一看到这样的电报，便迅速将电报内容通知情报系统。比如，中共在广州的某一重要机关被破坏，交通发生了故障，那里的有关负责人就赶紧向上海的中央报警，立即停止和该机关的一切联系。他就到邮电局去发一电报：“上海，四马路，久安旅馆，王子平收。红花、白菊停运，春生。”电报上的旅馆名称并不存在，王子平也是乌有先生。上海电报局只能把它按无法投递的“死电”处理，而徐见到后便马上将此电报内容告知情报系统。上海的中央机关就明白广州方面发生了什么事故。于是便采取相应的措施，做好应变准备，以防不测。

这种通过明码电报公开联络的办法，十分简便有效。国民党当局虽然实行严密的邮电检查，但却无法弄清个中奥秘。因为就是发报的当事人也并不知道那地址和人名都是假的。因而也无从追查什么。当然也不知道情报系统有人在邮电部门专门在注意这类“死电”。但说穿了，这种用明码电报联络的方法毫无神秘新奇之处，关键就在于情报系统在邮电局内有徐这样的社会关系，否则也就一切无从谈起了。

情报系统当时还在闹市区某大商场的一个钟表柜台建立过一个秘密联络点，依靠的只是一个普通的老实可靠的售货员。由于情报系统严格按照秘密工作规则交代任务，这位售货员仅仅起到传递某一信息的中介作用，其他的情况一无所知。因而这个联络员从未发生过意外。这个联络点的建立及其有效的运用，也完全取决于情报系统寻找到了大商场里这一个普通售货员的社会关系。正是依靠这种毫不引人注目的社会关系，完成了许多特定的秘密联络的任务。

潘汉年在担任中央特科情报科长期间，除了不断调集和充实自己的专职情报干部外，在扩大上述一般性的情报关系网络以及利用各种社会关系建立情报工作网点方面，也下了很多的功夫，并发挥了重要作用。尤其是上述一般性的情报关系网络，不仅在20世纪30年代，而且在后来的抗战时期和解放战争时期，也都不同程度地发挥了积极作用。这也许还可以说是中共在情报工作方面的一个创造：党的情报工作和党的统一战线工作被有机地结合起来了。

中篇

功“过”之间

第八章　形势剧变　重返情报战线工作

1933年的夏天，潘汉年奉命离开上海前往江西中央根据地工作。他在中央特科的岗位上整整干了两年。他的工作应该说是相当出色的，有勇有谋，成绩显著。在此期间从未发生过什么大的闪失，是一位很称职的情报干部。

既然如此，为什么又要把他调离上海前往江西苏区？

自从1931年年初，王明一帮人借助共产国际太上皇米夫之手夺取了中共中央的主要领导权之后，他们推行了一条所谓的“更加布尔什维克化”，实质是更加“左”倾的路线。中共在上海的地下组织及其领导的群众工作不断遭到打击和破坏，形势越来越困难。连续发生了顾顺章事件、向忠发事件后，中共中央机关在上海的生存环境更加恶化。中共中央工作重心不得不逐步向苏区转移。一些重要的领导人也不得不先后从上海撤出。少数人转移到国外，主要是去苏联。例如王明便早早离开上海跑到莫斯科去担任了中共驻共产国际代表团的负责人，后来康生也去了莫斯科，协助王明工作。1931年12月，周恩来离开上海前往江西中央苏区，担任了苏区中央局书记兼红军总政委。陈云也转移到了江西苏区，参加了中央局和总工会的领导工作。

1933年5月，左翼文化界名人，同时是中共党员的潘梓年、丁玲不幸被捕。潘梓年是潘汉年的堂兄，关系一向密切；丁玲和潘汉年在左翼文艺运动中也有过交往，彼此熟悉。他们的被捕，按地下工作纪律要求，为防止意外，潘汉年应当进一步采取隐蔽措施。鉴于这一新情况的出现和中共中央原有的重要干部撤退计划，组织上决定潘汉年尽快离开上海转移到江西中央苏区去，把现任的工作移交给中央特科留下来的干部。

不久，潘汉年便经过长途跋涉，在地下交通员的带领下，辗转到达了中央苏区根据地的首府江西瑞金。

和上海白区的情况正好相反，1933年的夏天，江西中央苏区根据地正处于秋收起义以来情况最为良好的时期。中央红军刚刚取得了第四次反“围剿”的胜利。军事上的胜利给根据地的政治、经济、文化等各方面的发展创造了有利的条件。根据地处于一个相对稳定的时期。

潘汉年到达江西瑞金之后，中共中央根据形势发展需要和他个人的特长，没有让他继续参与中央根据地的保卫工作，而是要他重操旧业。再做他曾经做过而且也比较擅长的政治宣传和思想文化工作。为了尊重潘汉年的个人意愿，有关部门向他提供了两个工作岗位供他选择：一个是让他去和彭德怀合作，担任红三军团的政治部主任职务；另一个是让他代替杨尚昆出任中央局宣传部部长职务。调杨尚昆去红三军团担任政治部主任。潘汉年考虑到自己在军事方面基本上是门外汉，不懂军事而要在军队中做政治工作也是难做好的，于是他选择了中央局宣传部部长的岗位。在调任中央特科情报科长之前，他原来的岗位就是中共江苏省委宣传部部长，现在重操旧业轻车熟路，自然也比较容易适应把工作做好。果然在他担任了中央局宣传部部长之后，在陆定一、毛泽覃等同志帮助下，把中央局的宣传工作很好地抓起来了。

当时国内外的形势发展是迅速而多变的。日本侵略者继1931年在沈阳发动九一八事变，1932年在上海发动一二八事变之后，又在1933年年初大举向华北入侵。国民党政府实行妥协退让方针，被迫签订了“塘沽协定”。全国人民对于日本侵略者的猖獗表现了强烈的愤慨，对于国民党政府的软弱无力表示了强烈的不满。主张积极抗日反对妥协退让的浪潮在全国风起云涌。在此背景下，国民党内部的派系矛盾加剧，国民党中央与地方实力派之间的裂痕也同时加大加深。首先向国民党政府发起挑战的，是以陈铭枢、蒋光鼐、蔡廷锴为首，曾经在上海一二八淞沪抗战中表现了英勇抗日精神的国民党第十九路军。他们准备在福建公开竖起抗日反蒋的旗帜。他们的行动无疑是一种顺应民心的义举，但他们深知国民党政府的军事实力不容低估，在国内各种政治和军事力量中，最坚决和最具有实力能够和国民党蒋介石政府抗衡的莫过于中国共产党及其领导的中国工农红军。因此，在他们酝酿和准备发动兵变的过程中，便十分需要和中共结成某种联盟，至少也必须取得中共的理解与默契的配合，才能使自己摆脱孤立的境地。何况当时他们的十九路军还正在福建西部与中共的红军对峙着，处于敌对状态。为此，他们经过反复思考与权衡利弊，决定主动派出代表和中共方面进行谈判，以争取达成某种协议，从而在客观上对他们的反蒋抗日义举形成有力的支持。

当十九路军的代表从福建秘密到达江西，准备与中共进行谈判时，中共中央在当时的中央局书记周恩来和中华苏维埃临时中央政府主席毛泽东等人的积极支持下，决定接受十九路军的建议，和他们进行谈判，争取达成某种协议。这是因为十九路军的“抗日反蒋”口号和中共的近期政治目标是一致的。这一行动当时在理论上虽然还未能作出系统阐述，但在实际上是为中共的统一战线策略的运用提供了一次重要的实践机会。

为了和十九路军举行这一次重要的秘密谈判，中共中央领导决定把潘汉年抽调出来，指派他为中华苏维埃临时中央政府和中国工农红军的代表，负责和十九路军进行谈判。

在众多的干部中挑选潘汉年担任谈判代表，这主要是周恩来的意见。中共中央为此次谈判专门召开了一次高层会议，会议决定由周恩来负责领导此次谈判工作。周恩来在上海中央工作期间，对潘汉年的思想政策水平和工作活动能力已有相当深切的了解。在一二八淞沪抗战期间，潘汉年又曾受上海中央局的派遣和当时驻扎在上海的十九路军领导机关进行过接触，向十九路军表达了中共对于抗击日本侵略者的坚决态度以及有关的方针政策。此次十九路军派到苏区来和中共谈判的代表正是一年前在上海和潘汉年就打过交道的十九路军军部秘书长徐鸣鸿将军。还有一点，潘汉年在中央特科工作期间已经结识的情报关系之一，著名的法学教授梅龚彬先生，那时正是十九路军的高级幕僚人物，潘汉年早已从梅先生那里对十九路军的内部情况有所了解。有了以上这些因素，选派代表负责和十九路军谈判，自然非潘汉年莫属。为了使潘汉年的代表身份名副其实，中华苏维埃临时中央政府还任命他担任了人民外交委员一职。虽然这在当时不过是一个虚职。

潘汉年果然不负重托，经过不到一周时间的谈判，就和十九路军达成了初步协议，经中共中央批准，和十九路军正式签订了“反日反蒋的初步协定”共二十一条，包括立即停止军事行动，恢复经济贸易往来，允许出版、言论、结社、集会、罢工自由，释放福州监狱中的一切政治犯，双方互派常驻代表，等等。根据这一协定，双方很快实现了停战，解除了经济封锁，开展了贸易往来。十九路军方面释放了一批在押的政治犯，等等，初步形成了良好的合作局面。随后，应十九路军方面邀请，潘汉年又被派往福州任驻十九路军的常驻代表。这大抵是中华苏维埃共和国临时中央政府派出的第一个类似大使职务的外交代表。

后来。十九路军在福州建立的人民政府终于被蒋介石政府搞垮了。福建事变失败有诸多的原因，其中之一就是中共当时的最高决策者博古等人对和十九路军的合作始终缺乏必要的信任和有力的支持。也就是并没有进一步巩固和扩大原有的谈判成果，最后也使自己在进行第五次反“围剿”战争时再度陷于孤立。尽管如此，潘汉年所参加的这一次和十九路军的谈判，在中共的历史上仍然有其开创性的重要意义。

1934年秋天，江西中央根据地由于博古等人积极推行第三次“左”倾路线和李德实行的一系列的军事指挥错误导致了严重危机的出现。红军遭受了重大损失。根据地已明显缩小，中共中央和中央红军事实上已经失去了稳固的立足之地，不得不被迫作出实行战略转移，进行大规模撤退的决定。决定容易作出，但实行起来却并不容易。庞大的中央机关和在第五次反“围剿”中已经受了重创的中央红军要冲出四面受敌的重重包围，其困难程度和可能遭致的严重损失都是难以预料的。

正当中共中央领导层为实行战略转移撤出江西中央根据地而苦思良策，积极运筹帷幄，力争以尽可能小的代价达到战略转移目标时，从有“广东王”之称的粤系军阀陈济棠那里传来了一条消息：陈济棠不满蒋介石的内外政策，他的军队也不想为蒋介石的“剿共”事业继续卖力。为了保存自己的实力，以后能有更多的与蒋介石进行抗衡的筹码，他们宁愿和中共的红军通过谈判达成某种互谅互让的协议。陈济棠已经派出代表准备在和中共红军邻近地区筠门岭进行秘密谈判。这一信息传到瑞金时，精明的周恩来立即意识到这是一个很好的机会。如果和陈济棠通过谈判达成某种互相谅解的协议，中共中央和中央红军便不难找到最合适的转移和撤退出江西的路线，从而避免和蒋介石的嫡系军阀进行激烈的战斗。

身为红军总政委的周恩来，立即又将已调任赣南省委宣传部部长的潘汉年召到中央总部，派他和赣南军事负责人何长工一起作为红军代表前往筠门岭和陈济棠的代表谈判。行前，潘汉年携带的由中央领导拟定的协议草案有五点，即：一、双方停止作战行动；二、立即恢复双方贸易之自由；三、贵军目前及将来所辖境内，实现出版、言论、集会、结社之自由，释放反日及一切革命政治犯，切实实行武装民众；四、切实做反日反蒋的各项军事准备；五、代购军火，并经筠门岭迅速运输。潘汉年和何长工到达筠门岭和陈济棠的代表进行了三天时间的反复谈判，最后达成的协议也是五条：

一、就地停战，取消对立局面；

二、互通情报，用有线电话通话，以防被蒋介石方面窃听；

三、解除封锁，互为通商；

四、必要时红军可以去陈济棠防区设后方医院；

五、可以互相借道，红军有行动，可先告诉陈部，红军人员可以进入陈的防区并用陈部护照。

从所带的草案和最后达成的协议看，红军方面放弃了对陈济棠方面的政治条款的要求，但却增加了“可以互相借道，红军有行动，可先告诉陈部”这一军事条款。从中不难看出，潘汉年和何长工在这一谈判中所表现出的明智、实事求是和灵活的态度。提出在军阀陈济棠的管辖区内实行一系列政治变革要求，实际上至少在近期内是很难办到的，而军事行动中“可以互相借道”，对于红军即将实行的战略转移却是至关重要的。按当时“左”的思想路线要求，他们没有坚持政治条款，似乎是右了，然而他们在军事上增加的这一“借道”条款，却为后来红军的向外转移提供了重要通道。就在签订协议不久，中央红军果然从赣南粤北的陈济棠防区突围，陈济棠的军队为了敷衍蒋介石只是做了些象征性的阻击，从而使红军比较顺利的冲出了包围圈，大大避免或减轻了红军的损失。潘汉年和何长工在这次谈判中所表现的明智和灵活性，受到了周恩来、毛泽东等中央领导的充分肯定。

1934年10月，中共中央和中央红军开始了战略转移，踏上了长征之路。潘汉年到江西苏区之后这一年来的表现，无疑得到了积极的评价。长征开始时，他被调任红军总政治部宣传部部长，同时兼任地方工作部部长。这样的工作安排，表明红军总政治部代主任李富春既看重潘汉年的宣传工作才能，又看着他在同各类地方势力及其代表人物打交道的“外交”才能。当时在潘汉年领导的宣传部里，有成仿吾、李一氓这样的创造社元老级的人物，潘汉年起初不过是创造社的“小伙计”，现在却是学生领导老师了。

1935年1月，中共中央在贵州遵义召开的政治局扩大会议成了中共的一个历史转折点。中央红军也从长征前一阶段的不断失败中总结了经验教训。中共中央有了一个以毛泽东为首的新的领导核心，从而结束了“左”倾路线的统治地位。中共中央自长征开始后即失去了同外界的联系，特别是失去了同共产国际的联系，这是一个必须尽快解决的问题，在当时共产国际和各国共产党的关系实际是上下级领导与被领导关系的历史条件下尤其不容忽视。于是在遵义会议之后不久，中共中央即决定派出陈云和潘汉年两位得力人物离开中央前往上海与外界沟通联系。特别要他们了解和共产国际之间的联系情况，让他们必要时就直接去莫斯科向共产国际汇报中共的最新发展态势。

1935年8月间，陈云和潘汉年分别经不同的路线到达上海。他们发现上海的中共地下党组织这时候已差不多被破坏殆尽，和共产国际也中断了联系。于是他们立即决定直接去莫斯科以完成中央交代的任务。

大约在1935年9月间，潘汉年和陈云先后抵达莫斯科。（陈云是比他早一点时间到达的。他们二人仍旧是分头行动，为的是万一其中一人出事，仍可保证完成中央委托的任务。）他们在向共产国际汇报了中共最近的情况之后就被留在莫斯科的中共驻共产国际代表团工作了。

1936年2月，中国国内的形势又有了新的变化与发展。日本帝国主义变本加厉的侵华行动，已经逼使蒋介石很难再坚持“攘外必先安内”的政策。在全国人民和各方面的舆论压力下，蒋介石的国民政府不得不谋求结束内战，准备联合各党各派的力量一致抗日。蒋介石政府要准备抗击日本的侵略，在国内就必须结束和共产党的内战，在国际上还必须取得近邻大国苏联的支持。而苏联是否愿意支持蒋介石国民政府，又要看蒋介石政府能不能改变“剿共”灭共的方针，并和中共结成抗日民族统一战线。中国共产党根据共产国际第七次代表大会关于建立反法西斯统一战线的精神，已于1935年8月1日正式发表了关于在国内建立抗日民族统一战线的主张，要求停止内战。一致抗日（史称“八一宣言”）。在上述背景下，蒋介石开始派员和中共方面进行联络，谋求和中共进行和平谈判的途径。先是在国内让宋子文出面，通过宋庆龄的中介，派遣董健吾牧师前往陕北向中共中央传递信息，后又由陈果夫、陈立夫出面，通过国民党政府驻苏联大使馆的武官邓文仪向中共驻共产国际代表团转达南京政府的意见，并要求中共驻共产国际代表团能派员回国，前往南京直接和国民党的二陈（陈果夫、陈立夫）联络有关进行国共谈判的事宜。中共驻共产国际代表团经过研究之后，决定同意邓文仪所转达的要求。在考虑派谁回国担任国共谈判的联络代表人选时，中共驻共产国际代表团的领导又决定由潘汉年担此重任。潘汉年在江西苏区时，已经有过苏维埃临时中央政府外交人民委员的头衔，又有过两次和国民党地方实力派——福建的十九路军和广东的陈济棠部队谈判的经验，派他出使南京无疑最为恰当。

离开莫斯科回国前，潘汉年和邓文仪曾经进行了正面接触。邓文仪是在苏联留过学的国民党少壮派人物，和蒋经国有同窗之谊，是蒋介石的重要亲信之一，他希望从和潘汉年的接触中，尽可能多地了解一些中共的有关方针政策和谈判的底牌，潘汉年当然也同样希望从邓文仪那里了解到蒋介石、陈果夫、陈立夫等人目前对和中共谈判究竟有多少诚意以及他们的真实意图如何。所以表面上潘汉年和邓文仪虽是一种事务性的联络和接触，但从互相的交谈中仍然可以见到彼此的立场、观点及其谈判的技巧。因为这是国共两党代表在经过长期内战之后的一次重要会谈，又是在莫斯科进行的，所以颇具历史文献价值。其记录稿一直被藏在苏联档案馆内，直到苏联解体后，俄罗斯当局开放准予查阅，人们才得以见到潘汉年当年和邓文仪谈判时所表现出的智慧与才华。

1936年4月，潘汉年经欧洲转赴香港，7月，由国民党中央组织部副部长张冲专程赴香港将潘汉年秘密接到南京，由二陈代表曾养甫出面和潘汉年进行了正式的会晤。双方各自陈述了本方关于停止内战联合抗日的基本主张与条件。各说各的并不讨论具体问题。决定各自向本方最高决策层汇报之后作下一步安排。

1936年8月8日，潘汉年到达陕北保安向张闻天、毛泽东、周恩来等中央领导汇报了他从莫斯科受命回国以及在南京和国民党代表曾养甫初步会谈的情况。中共中央为此召开了一系列会议研究情况，拟定对策。9月下旬，中央再派潘汉年携带一系列重要文件前往南京、上海，同国民党当局进行进一步的联络和认真的谈判，力争谈判取得成果，促进第二次国共合作的实现。在10

月和11月间，潘汉年和国民党中央代表陈立夫分别在南京和上海举行了两轮的正式谈判。和三年前与十九路军谈判以及和陈济棠军队的谈判相比，这一次的谈判要复杂艰难得多。因为此次谈判对手是国民党当权的主流派。蒋介石的谈判方针是以统一抗战力量的名义，将中共领导的红军进行改编合并，实际上是瓦解吃掉，让中共部分领导成员进入蒋介石的国民政府充当政治附庸的角色。潘汉年针对国民党方面的上述图谋，进行了尖锐的揭露与反驳，坚持中共独立自主领导红军和根据地进行抗战的权力。双方唇枪舌剑，各不相让，谈判始终难以取得真正进展。直到12月间发生了西安事变之后，蒋介石和国民党当局的立场才有所软化和改变，不得不承认中共对红军进行独立领导和指挥作战的权力。但在红军数量限额以及红军的装备方面又提出了许多苛刻条件。潘汉年又不得不和国民党政府负责财政的宋子文进行反复的交涉谈判。总之，从1936年的夏天，到1937年的夏天约一年的时间里，潘汉年一直是在和国民党当局的反复谈判中度过的。整个谈判虽然艰苦曲折，但却极大地增长了潘汉年的智谋与才干。

潘汉年从陕北出来常驻南京、上海后，除了不断同国民党当局联络、谈判之外，另一个重要任务就是负责开展上层统一战线工作，同许多著名的民主爱国人士以及和蒋介石集团有矛盾的一些国民党上层人物打交道。在此期间，他一面向这些上层人士转达中共有关建立抗日民族统一战线的方针政策，期望得到他们理解与支持；另一方面通过这些上层人士的活动与游说，向国民党当权派施加一定的影响与压力，以加速抗日民族统一战线的形成，实现第二次国共合作。

七七事变后，抗日民族统一战线和国共合作的局面终于基本实现。潘汉年的身份也同时公开化了。他在党内担任了中共上海工委的主要负责人，不久就出任了八路军（起初叫第十八集团军）驻上海办事处的主任。他的工作重心，暂时转向了以统一战线为主。八一三事变后，在上海的一部分中共干部和大部分的爱国民主人士纷纷向内地撤退或向香港转移。潘汉年做了大量的组织指挥撤退工作之后，自己也奉命转移到了香港，并在那里和廖承志一起建立了八路军驻香港办事处，做了大量的统战工作，同时也进一步熟悉了香港的社会环境。

1938年，潘汉年在延安。右起：陈云、潘汉年、滕代远、李富春、项英。

1938年9月，潘汉年被中共中央召回延安，以地区负责人的身份参加扩大的中共六届六中全会。会后，他就被留在延安工作。

潘汉年的一生在中共内部的人事关系上，如果用毛泽东所说的"山头主义"概念来解释，他和周恩来、陈云的关系要算最为密切。周恩来在20世纪30年代初，虽然就很看重潘汉年在情报和特工方面的才能，但后来却更看重他在开展统一战线工作，特别是在开展上层统战工作方面的才华。潘汉年代表中共和福建、广东的军方以及和国民党中央进行的三次谈判所取得的成功，给周恩来留下了极深的印象。抗战开始后，周恩来也一直让潘汉年在上海、香港从事统战活动。1938年春天，潘汉年到武汉向长江局汇报工作时，周恩来曾有意让潘汉年进入国民政府军事委员会政治部第三厅工作，以协助郭沫若工作的名义，从事政治与文化界的统战活动。只因国民党方面的张厉生等人认为潘汉年的政治色彩太"红"，反对如此安排而作罢。但后来一有机会，周恩来总是要潘汉年把做统战工作放在重要的工作日程上。直到全国解放后仍是如此。陈云和潘汉年从在中央特科共事起，关系就一直不错。陈云从潘汉年的身上，不但看到了他对革命事业的忠诚和热情，而且看到了他的勇敢和机智，以及善于处理棘手问题的能力。他和潘汉年一起去莫斯科向共

1938年，于汉口与周恩来、郭沫若、彭德怀、叶剑英、王明、博古等合影。第二排右七为潘汉年。

产国际汇报工作，在此之间自然又加深了彼此的了解。这次潘汉年回延安参加扩大的六届六中全会后，一时并无具体的工作任务急需他去完成。陈云这时已是中央组织部部长，安排潘汉年的工作正是他的分内之事。正好中央社会部正在组建，领导力量不足，于是便报经中央批准，让潘汉年到中社部去工作。中社部是适应中共已经面向全国、面向世界，并负起了领导抗战责任的形势需要而建的，任务是统一主管党的保卫工作和情报工作。部长由从莫斯科回国不久的康生担任。让潘汉年去协助康生工作，人事上可以说是前中央特科领导成员的再度合作，业务上又是熟门熟路，自然也是十分适当的。

潘汉年在离开中央特科，离开情报战线工作六年之后，1938年年底，又重新回到了情报战线上，开始了新的更为艰巨复杂的革命生涯。

第九章　亲临一线　构建敌后情报系统

中央社会部虽是中共中央新组建的一个机构，但它的基础却是从上海时期的中央特科和江西苏区时期的中央政治保卫局沿袭下来的。基本任务和职能也仍然是：保卫自己、了解并战胜敌人。不过它所担负的任务更加重大，工作范围也更加广泛了。因此才有从“科”到“局”，从“局”到“部”的扩大和升格。

抗日战争爆发后，随着抗日民族统一战线和国共合作新形势的发展，中共已经从十年内战时期的始终被围困被封锁的逆境中完全摆脱出来，成为面向全国乃至面向全世界的中国第二大政党，并且拥有一支英勇善战坚决抗日的军队和若干个抗日根据地。全民族的抗战运动为中共的发展提供了极大的机遇，使其迅速成为在中国的政治和军事领域内具有举足轻重的地位。

中央社会部正是适应上述新形势的发展而建立的。中社部机关设立在距延安城区约十余里的枣园。这是昔日一个地主的庄园，僻静安宁，适合于隐蔽保密的需要。中社部的职能：对内，它要继续担负保卫自己的任务，防止一切敌对势力的渗透和破坏，同他们进行有效的斗争，以保证革命根据地和革命机关、革命组织的安全。对外，它要密切注视国内和国际的各种情况的发展与变化，搜集各类政治、军事、经济、社会等情报，为中共决策机关和军事指挥系统制订各项方针政策和计划等服务。所谓知己知彼、百战不殆，正是情报部门的最高目标。

潘汉年进入中央社会部工作后，熟门熟路顺理成章地被要求分管情报工作。视野开阔的潘汉年深知，现在的情报工作已经不同于特科时代。特科时代的情报工作范围比较狭窄，主要是在上海一地活动；那时任务也较集中，主要是和国民党的几个特工机构打交道，重点是搜集敌人阴谋破坏中共地下组织的情况。因此那时的情报干部队伍也较少。但现在的情况不同了，中共几乎在全国各大城市和所有战略要地都已建立了工作据点，中共领导的八路军和新四军，在日本人已经占领的大片地区的后方已经建立了若干个抗日根据地。中共要在全国范围内参与并领导抗日战争，推动整个抗战运动的发展，就必须努力掌握各个地区和各个方面的情况，做到心明眼亮，避免一切盲目行动。不言而喻，所有这些情报工作任务都是要由人去完成的，而这些人又必须具有一定的做情报工作的素养才能担负起各自特定的工作任务，于是培训情报干部便成为当时一个突出的先决的课题。潘汉年认为干部的来源从军队和地方干部中都可以挑选一些合适的人，但为数很有限，因此他更重视从抗战后陆续来到延安的知识青年干部中物色。这些来自各地的知识青年一是有相当文化，二是熟悉当地的情况，从语言到地理环境。这对做情报工作是很有利的条件。根据这样的构想，中社部和中组部从延安抗大、陕北公学、马列学院等在校的学生中先后选了一批人，并为他们分别举办了短期训练班，进行专门的培训。潘汉年亲自给他们授课，讲政治形势，讲情报工作的任务和要求，以及情报干部的工作方法和工作纪律，等等。在培训过程中，潘汉年还组织学员进行某些社会职业的实习，因为许多情报干部都需要有一定的社会职业掩护，以利于开展工作，也有助于安全和生活的保障。

情报干部的培训工作是很有成绩的。后来在情报战线上的许多骨干人物，都是当年在枣园受过培训的。

1939年4月，随着抗战形势的发展，中社部的情报工作也需要有相应的发展。那时，抗战已经进入了相持阶段，日本侵略军在占领了华北、华东、华中、华南的大片土地后，已经日益暴露出战线过长，兵力不足，捉襟见肘的弱点；八路军和新四军深入到敌后地区，大力开展的游击战以及不断开辟和建立起来的大小不等的根据地，越来越多地牵制了日本侵略军的力量。国民党的军队在经历了抗战初期的一系列大溃败、大撤退之后，也已经逐渐站稳了脚跟，构筑起新的防线，在正面战场上和日本侵略军形成了对峙相持的局面。这时候敌我友三方都在准备重新调整部署自己的力量，酝酿和制定新的作战方针和行动计划。在此形势下，无论是和日方的情报机关相比，还是和国民党的中统、军统相比，中共的情报力量及其工作的开展，相对来说都是比较弱的。中共原有的情报工作，大都依托在各地的中共地下组织之内，或是依靠军队的政工部门进行分散的零星的收集，虽然也取得了可观的成绩，但也不能不受到一定的限制。抗战新形势的发展，中共的决策中枢机关需要在更大的范围和更高的层次上了解和掌握更多的具有战略价值的情报资料，从而为自己的研究和决策提供可靠的依据。为了适应新形势的需要，满足中央决策机构的要求，中央社会部必须建立起自己独立的情报系统，派出得力的干部深入到情报工作的第一线去主持工作，努力开辟新的情报来源的渠道，在更高的层次上加强战略情报的搜集工作。这其中的关键，当然就在于“得力”干部的选派和任用。在苏联整整待过6年，既懂得“干部决定一切”的真谛，又从“契卡”那里取回了不少“经”的中社部部长康生对此无疑正在大伤脑筋。

说来也巧。潘汉年的眼睛一直不怎么好，不但近视，而且常患眼疾，在延安的煤油灯下，看书写字都颇感吃力。这时候，他的眼疾又有些发作了。在延安的卫生机构看了几回医生，并不见有好转。这当然是延安的医疗条件所限，医生也无能为力。潘汉年对此有些焦急。于是便想出去好好治疗一下，比如西安、重庆等地的医疗条件比延安就好得多，他相信会有较好疗效的。可是，当潘汉年向康生提出自己的想法和打算时，精明过人的康生立即来了个顺水推舟，不但同意潘汉年出去医治眼疾的要求，而且赞成他去香港治疗。

“潘汉年同志，你干脆就去香港吧，那里的医疗条件肯定比西安、重庆都好的。”康生十分关切地对潘汉年说。

“那也好。我对那里比较熟悉，相信不久就会治好眼病回延安来的。”潘汉年说。

“你先安心在那里治病，不要急着回来。”康生稍稍停顿了一下，接着就显出深思熟虑的样子说道：“你可以在那边一面慢慢地治疗眼病，一面顺便过问一下那边的情报工作，帮助小廖（承志）把情报工作抓好。你看这样可以吗？”

既能治疗眼病，又同时能为革命工作多尽一份力，多做一点贡献，潘汉年觉得这样的安排实在是很周到的。不但体现了对干部的关心爱护，而且还表现了对革命工作的积极负责态度。他毫不犹豫地答应了康生的要求。

“我们正准备陆续派出一批干部到重庆、香港、上海等地去做情报工作。也请你顺便照管他们一下。”康生又补充交代了另一项工作任务。

“那是应该的。我一定照办就是。”潘汉年诚恳地答应着。

潘汉年没有想到，康生“顺便”给他安排，要他去香港时“顺便”过问一下的工作任务，却使他一干就是五年，经历了许多的艰难险阻，狂风恶浪，并且决定了他后来的整个人生的坎坷命运。如果没有这一次的“顺便”，让他治疗好眼病即返回延安，那他个人的历史就将完全是另外一回事了。当然，历史是不能用“如果”来评价其演变过程与结果的。

1939年5月初，潘汉年离开延安经长途跋涉到达重庆。在这里，他要等待去香港的飞机，这时，正好从延安派出来准备深入敌后做情报工作的两位青年干部刘人寿和黄景荷也到了重庆，潘汉年便利用这旅途的空隙，实践康生要他“照管”一下的承诺：他会见了刘、黄二人。这两人都是中社部培训的干部。他们原是从上海到延安去投奔革命的热血青年，政治上进步很快，都已是中共党员。因为他们对上海情况熟悉，就又都被派遣回来。借道去上海从事情报工作。他们还是一对正在恋爱中的情侣，一起活动另有方便之处。潘汉年既是他们的领导，又是他们的老师，从延安来到重庆后能见到潘汉年，他们感到十分高兴。潘汉年详细询问了他的一些情况，嘱咐他们应如何利用社会关系，寻找适当的职业掩护自己，然后再开展工作。要他们慎重行事，不要急躁，急于求成，可以以灰色面目出现，也可以加入三青团一类组织作掩护，但不能参与反动活动，等等。后来，这两个青年干部都成了潘汉年在敌后工作的得力部下。

那时，从重庆到香港的飞机票是很难弄到的。航班很少，而这又是国民党战时首都重庆和国际联系的主要通道，飞机票自然十分抢手。潘汉年住在青年会馆里，等买飞机票颇为着急，八路军驻重庆办事处和中共南方局机关一时也帮不上忙。潘汉年便想到了几年前在第二次国共合作谈判中和他多次打过交道，关系也比较友好的张冲先生。当时张冲正在蒋介石侍从室专门负责苏联顾问工作，权柄很大，托他弄一张飞机票应当不成问题。于是他便给张冲写信直接提出自己的要求。

张冲这个人在中国现代历史上，特别是在国共关系史上是很值得写上一笔的重要人物。他是北京大学出身，张作霖统治东北时期，他曾在哈尔滨做过秘密工作并被张作霖逮捕关进过监狱。后来东北易帜，国民党将他保释出狱，到南京后即追随陈果夫、陈立夫，加人CC派，深受二陈赏识，不断地被提升，委以重任。1932年春，他一手策划了所谓“伍豪等二百四十三人脱离共产党启事”，成为中统反共史上的一件大事。然而在1935年以后，在日本侵略中国不断升级，中华民族危机日益深重的历史条件下，张冲以民族大义为重，毅然放弃反共立场，主张停止内战，实现国共合作一致抗日，他为此曾亲赴陕北了解中共实况。作为国民党的谈判代表，他和周恩来、潘汉年等中共代表多次接触，为实现第二次国共合作做了大量工作，态度是真诚友好的。虽然他因此而招致了国民党内一部分顽固分子的攻击，他也在所不计。后来在重庆期间，他已不再负责有关国共合作方面的事，但他个人和中共却一直保持着良好的关系。凡中共方面对他所要求，他都愿意尽心尽力予以帮助。皖南事变前后，中共在重庆的处境极为艰难，《新华日报》屡遭威胁和破坏，周恩来曾通过张冲，排除了不少险情。后来张冲不幸在重庆病逝（亦说为国民党内的顽固分子所暗害），周恩来、董必武以及在延安的毛泽东等人或致电吊唁，或书写挽联哀悼。周恩来亲自在《新华日报》上著文对这位昔日曾经诬蔑过自己的国民党朋友表示了真诚的悼念。

潘汉年给张冲写信，请他为自己弄一张飞香港的机票，张冲果然不负所托，迅速搞到机票，并亲自到机场为潘汉年送行。

这是潘汉年和张冲最后一次见面。两年后张冲即病逝于重庆。从1936年7月到1939年5月，在这不到三年的时间里，潘汉年和张冲作为国共两党的代表有过多次的接触（主要在1936年秋冬和1937年春夏的国共谈判期间）。这些接触都是公开的，有历史记录可查的。双方交谈的内容也大都属于统一战线的工作范围之内。潘汉年无论如何也不会想到，他和张冲的这些接触，十多年之后，即在1955年被逮捕审查时，竟被认定是他“投降了国民党”成为所谓的“CC派的人物”的证据。

由重庆飞抵香港之后，潘汉年先到皇后大道中18号门口挂着“粤华公司”牌子以经营茶叶生意掩人耳目的八路军驻香港办事处，和办事处负责人廖承志见面。他们俩从1937年冬天到1938年秋天，已经有过良好的彼此都感到愉快的合作共事经历。廖承志的革命热情和开朗性格以及真正的大家公子的风范给潘汉年留有深刻的印象，而潘汉年的渊博知识和出色的组织活动能力以及固有的文化人的气质，也使廖承志十分钦佩。廖承志非常欢迎潘汉年再度来港。他一面为潘汉年安排食宿和医治眼疾的方便条件，一面向潘汉年介绍香港地区现有的情报工作概况。廖承志说，他的大部分精力都在忙于统战工作，特别是积极开展南洋华侨的工作，通过爱国侨界为抗战中的八路军新四军筹集医药卫生和其他紧缺的物资。他对情报工作过问不多，也不太熟悉，只是依靠设在办事处里的一个小组负责。工作虽有成绩，但肯定难以满足中央对这方面的需要。因此，他恳切地希望潘汉年能把香港地区的情报工作好好抓一下，以弥补他自己在这方面工作的不足。

经过香港一个著名眼科诊所的积极医治，潘汉年的眼疾不久就大见疗效。在眼疾基本痊愈后，他很快就以行家里手的姿态，通过各种原有的人事关系和香港现有的可以和中共挂钩互换情报的一些组织与个人进行了联系和沟通，并且迅速收到了效果。中共在港的情报来源和渠道扩大了，能够搜集到的情报数量与质量也不断提高。

当时潘汉年所联系和沟通的在港的情报组织和个人主要包括：

一、原东北抗联领导人李杜将军设在香港的联络机构。该机构的任务之一是搜集国际国内情报，尤其是日本方面的情报。该机构主要负责人在上海和潘汉年就互有来往。现在潘汉年又来香港抓情报工作，彼此政治背景和目标完全一致，自然极易沟通，互换某些情报乃顺理成章之事。

二、苏联远东情报局在香港的情报工作点。这是由两位从事国际问题研究与评论的进步新闻工作者负责的。他们都信仰马列，一向同情与支持苏联。他们受苏联驻华外交机构的委托，帮助搜集英美日和中国政府之间的公开或暗中往来的情报。潘汉年和他们早在左翼文化活动时期就已相识，以后也间或时有往来。彼此都有一定了解，他们交换某些情报，也十分自然。

三、军统国际问题研究所内的一位研究人员。这是中共在抗战初期就已派入该机构的秘密情报干部。从他那里可以获得较多的而且较为系统的重庆蒋介石政府的有关外交信息，特别是美英德日和重庆政府之间公开或秘密的外交动态。这自然是一个极重要的情报渠道。潘汉年来香港前，八路军办事处的情报班子就已和这位秘密情报干部建立了联系。潘汉年到港之后，又加强了对这位情报干部的工作指导，使之既能够长期在这个军统研究机构中站住脚，又能有效地获取许多重要的情报。

四、孔祥熙在香港的办事机构。这是孔祥熙作为当时重庆政府的行政院长，在香港以行政院名义设有的一个办事机构。作为中国最大的官僚资本集团之一的大财阀孔祥熙在香港又有许多商业经营活动。因此，他的办事机构实际上是官方和私人合二而一的。孔夫人宋霭龄和孔大少爷孔令侃经常坐镇香港。孔大少爷利用承办重庆政府的资金大发国难财的劣迹是众所周知的。在这个办事机构中有一位高级幕僚人物胡鄂公同时担负着为重庆的孔祥熙搜集情报的任务。这位胡鄂公正是在20世纪30年代就已经和中共有着密切关系，曾经为中共工作过，作出过一定贡献的人物。抗战开始后，这位资深的政界人士被孔祥熙所拉拢，结束了和中共的关系而成了孔府的幕僚。潘汉年1938年在香港开展统战工作时，胡鄂公就曾积极沟通潘汉年和孔祥熙驻香港办事机构之间的联系，并邀请潘汉年和廖承志到孔府吃饭和宋霭龄、孔令侃会见等。当潘汉年再赴香港开展情报工作时，胡鄂公又主动表示：他愿意以私人关系和潘汉年保持联系，向潘提供他所搜集到的一些情报。潘汉年当然不会拒绝从孔祥熙的办事机构中增加一条新的情报来源渠道，他以务实的态度和胡鄂公建立了一种适当的情报关系。

1939年夏末秋初。当潘汉年到香港两个多月之后，他的眼疾已经治疗痊愈，他“顺便”抓一下的情报工作已初见成效时，在延安的康生忽然向潘汉年发出电报：指令他就留在香港继续主持情报工作。一面是因为形势和任务的需要，同时也是为了对潘前一段时间在港工作成绩予以充分的肯定。随后不久，又经中央批准，正式任命潘汉年为中社部副部长，同时指定他负责组建华南情报局，统一掌握和管理华南地区的情报工作。中社部领导赋予了潘汉年在敌后开展情报工作的很大权力，自然也是对潘汉年的极人信任。

潘汉年不能再回延安工作了。事实上潘汉年这个人在白区工作久了，惯了，对白区的工作方式和生活方式也都很适应了。相反，他对于在延安工作，特别是在比较刻板的机关内部工作，却并不怎么习惯和适应。他宁愿在白区工作，似乎独来独往颇感自由自在。这大概和他固有的文人气质有关。知识分子思想改造问题，特别是知识分子出身的高级干部和思想改造问题，当时还没有提上重要的议事日程。潘汉年在精神世界里知识分子的性情与习气确实是保留较多较重的。因此，康生要他继续留在香港主持敌后情报工作，他大抵是乐于遵命行事的。

中共的情报工作在不同的历史时期有不同的组织形式和工作方式。这是根据形势与任务的需要而逐渐发展变化的。抗战爆发后，中共在政治上和军事上都在全国范围内获得迅速的发展。组织上先后新建或扩建调整了按地区划分的各中央局，如长江局、南方局、北方局、华中局等。军事上则先后建立了若干抗日根据地以及与之相适应的军事指挥系统，如晋察冀抗日根据地、冀鲁豫抗日根据地、华中抗日根据地等。各中央局以及所属的各省、市委都有自己的情报工作机构，各根据地以及所在地的军事指挥系统也都有自己的情报工作部门。上述地方和军队的情报机构都各有自己搜集情报的范围和侧重点。也可以说是各成系统的。虽然，它们也并不完全孤立行事，有时是需要互相联系、互相支援。但是因为情报工作的特殊性和固有的工作纪律与要求，各系统之间仍必须保持一定的独立性，其工作方式仍旧大都采取单线联系指导。中央社会部成立之后，其情报工作任务更加重大、搜集情报范围更加广泛，工作方式自然也有更高更严的要求。中社部除了要和各地方的情报机构或军队的各情报部门进行必要联系外，更需要逐步建立自己的情报工作系统，组成自己的情报网络，以完成自己特定的任务。

按照中社部的要求，潘汉年首先把组建华南情报局的工作任务担负起来。并且很快建立了一个精干的直属情报局，由自己亲自掌握的情报班子。潘汉年也深知"干部决定一切"的关键所在，他首先从廖承志的八路军办事处调来张唯一负责情报局的内勤和机要工作，实际上是担负了相当于秘书长的总管任务。张唯一当时年纪相对较大，他的资历深，工作经验丰富，办事一向老练稳妥，颇受尊重，他因此而获得了既是外号又是代号的"老太爷"称

1938年3月29日，潘汉年在广州与文化界人士合影。前排左起为茅盾、夏衍、廖承志，后排右起为潘汉年、汪馥泉、郁风、叶文津、司徒慧敏。

号。在整个敌后工作期间，张唯一是潘汉年主要的得力助手。在张唯一的领导下，新建的情报班子陆续又调进了陈曼云、张建良、梅黎、高志昂等一批干部，这些干部都可以说是精兵良将，各具优势和特长。陈曼云出身华侨留学日本，日语和汉语同样熟练，社交广泛，活动能力很强（后来和著名电影导演蔡楚生结为伉俪）。张建良更是一位传奇式的英雄人物，原名华克之，是从国民党左派转而坚决反蒋。1935年11月在南京因刺杀蒋介石未成而将汪精卫刺成重伤而轰动国内外。以后亡命香港。抗战开始后，痛定思痛，只身奔赴延安，面见毛泽东表示决心参加革命。出于某种政治因素考虑，毛泽东又动员他返回香港，希望他在另一条战线上发挥作用。潘汉年到香港主持情报工作后，便经由连贯、廖承志将其介绍给潘汉年。后来就一直在潘汉年的领导下从事情报活动，并且屡建奇功，成为潘汉年的重要助手之一。

华南情报局直接领导的这个以张唯一为首的新的情报班子从组建之日起就一直是潘汉年在敌后从事情报工作核心班底，同时也是由潘汉年直接掌握的中社部在敌后情报系统的一支骨干队伍。直到太平洋战争爆发后，这支队伍一分为二从香港转移出去为止。

华南情报局建立后，潘汉年就以此为依托，并以张唯一的情报班子为基本工作据点，积极开展工作。他又从这个据点派出得力的联络人员和相关的已经沟通了的情报组织或个人建立起有效的联系，单方面的接受或者是双向的互换情报材料。这些组织或个人包括前面已经提到的军统国际问题研究所，抗联驻港办事处，苏联远东情报局在港的情报人员等。此外，华南情报局和在澳门和广州等地的中共地方组织的情报部门或从事情报工作的人员也相继建立了联系。这样潘汉年受命代表中社部留在香港主持情报工作后，经过很短时期的努力，便初步构建了一个以张唯一情报班子为核心，自成系统的情报网络，从而把香港以及华南地区的情报工作推向了一个新的阶段，开创了一个新的局面。

第十章　不惧风险　让袁殊在日本情报机构建立内线

潘汉年是一个事业心极强并且具有开拓精神的干部。他作为中社部派驻敌后的高级情报主管，视野不可能仅仅局限在香港这一个据点上，虽然这据点极为重要。潘汉年把在香港这个据点的情报工作初步整理出一个头绪，并且开始运转起来之后，就把视线投向了另一个更加重要的敌后战略据点——上海。

上海在中国乃至远东和世界地位的重要性是不言而喻的。她历来就是中国对外开放的主要门户，不仅在经济上是外国列强入侵中国的桥头堡，而且在政治上也是各种势力争夺的战略要地。自然也是各种特工机关从事特工情报活动的重要据点。自从八一三事变上海被日本侵略军占领之后，这里更是形成了一个非常特殊的地理空间。日本人控制了这里的大部分地区，并且在这里建立了一整套的法西斯统治机器，成了日本侵略中国的最重要的基地。

1939年8月22日，日本侵略者在其占领的上海虹口地区建立了一个庞大的特务机关。因其办公楼名叫"梅花堂"，日本便称它的这个特务机关为"梅机关"。"梅机关"实际是日本侵华的最高特务机关，其成员包括了日本陆军、海军和外务省的代表共30余人。直接受日本内阁和陆军总部指挥。首任机关长影佐祯昭，是一个臭名昭著的日本特务头子，号称"中国通"。远在1931年他在日本驻华使馆任职时，就和中国的亲日派人物有过秘密的接触。1938年冬天到1939年春天，影佐在策划汪精卫叛逃投敌充当汉奸的过程中起了重要作用。是他直接到越南河内把汪精卫迎接到南京组织汪伪政权的。汪伪政权正式建立后，他以中将军衔出任汪伪政权的最高军事顾问，并将"梅机关"改称为驻汪伪政权的最高军事顾问团。实际上监视和控制着汪伪政权的一切重大活动。

除"梅机关"外，日本驻上海总领事馆内也设立了一个专门情报机构，由副总领事（后升任领事）岩井英一亲自挂帅，直接受外务省指挥。这个情报机构也设在虹口地区的一座小楼里，被称为"岩井公馆"。

日本人不仅自己在上海直接组织和建立庞大的特务和情报机关，而且又拉拢和收买一部分民族败类成立汉奸特务机关，以加强其殖民统治。1938年，原国民党军统特务头目丁默邨和中统特务李士群先后投敌，随即在日本人的扶植下建立了一个特工机关。1939年春天，这个特工机关迁至极司菲尔路（今万航渡路）76号。后来这个特工机关就被称为“76”号。1939年5月，汪精卫从河内到达上海开始筹备组建汪伪政权时，根据日本特务机关的授意，丁默邨和李士群又和汪精卫合流，把“76”号改为汪伪政权“特工总部”。丁、李二人便成了汪伪政权中的最高特务头目，不仅分别担任了“特工总部”的正、副主任，而且后来又分别出任了汪伪政权的社会部长、警政部长等要职。

在太平洋战争爆发前，上海还有一部分地区属于租界范围，分别属于英、法等国管辖。虽然日本人一直虎视眈眈地监视着租界地区的一切，但毕竟不能像对待它的占领区那样为所欲为。在这个被称为“孤岛”的地区内，英、法、美等各西方国家仍在继续利用其殖民机构从事搜集情报等特工活动。苏联和第三国际也同时在这里设有情报活动据点。

国民党政府的两大特务机关“军统”和“中统”在上海本就有相当的基础，抗战开始后，他们又不断派遣新的特工力量潜入上海，以加强他们同日本、汪精卫以及其他汉奸组织之间的斗争。后来是既有斗争又有某些勾结，互相利用反反复复，反映了蒋（介石）汪（精卫）之间特务机关内部的错综复杂关系。

中共在上海的活动也是有相当基础的。1933年到1935年间受到严重破坏的中共地下组织，从1936年起逐步得到了恢复和发展。八一三事变日军占领上海后，中共地下组织依然保留着从江苏省委到若干基层单位的比较完整的组织系统，并且在十分艰难的条件下，通过各种形式开展同日伪的斗争。但就情报工作力量而言，中共这方面还是比较薄弱的。地下党组织当然也负有搜集情报的任务，但毕竟有一定局限性。只有南方局情报部在上海的工作据点，在刘少文的领导下，在搜集情报方面不断取得一些成绩。

中央社会部作为延安最高决策机关直接掌握的情报部门，理应在情报工作方面有更高的要求。中社部领导一再指示潘汉年，要求他在敌后能够作出更大的努力，搜集更多的情报，特别是要努力搜求具有战略价值的情报，以满足延安中枢机关的需求。潘汉年认为，要完成中社部提出的这样高要求的任务，除了充分发挥香港的情报据点作用外，还应该到上海这个更加重要的地方去开辟和建立新的情报据点。因为上海是日本侵略中国的最重要的基地，同时也是一个大规模的情报战的战场。各种情报力量都在那里角逐，也就有可能获得高质量的具有战略价值的情报。因此，中共在敌后情报工作的第一线也应该把重点放在上海。根据这一指导思想，潘汉年在把香港情报据点的工作初步安排就绪之后，便于1939年的9月间，前往上海，同时将从延安派出来的情报干部刘人寿、董慧带去上海准备在那里建立新的情报工作据点，并建立香港和上海之间的交通联系。

到达上海之后，潘汉年很快就和刘少文的情报系统，和江苏省委的刘晓，以及和于伶等“剧艺社”的一部分党的积极分子联系上了。不久，就在各方面的支持和帮助下，建立起包括刘人寿、乔犁青、孟述先等在内的新的情报工作据点，并设立了能够和延安、香港、重庆直接联系的电台。

经过一番部署之后，潘汉年又返回香港。他仍以香港为基地，坐镇指挥港沪两地情报据点工作。为了在港沪之间建立有效的联系，他先后指派张建良和董慧担任港沪间的交通联络任务。张建良是利用其对上海的特别熟悉和在上海的多种复杂的社会关系，来往于港沪之间，几乎是畅通无阻的。董慧则利用其父亲董仲维先生创办的道亨银行总行和在上海分行之间的业务往来作掩护，来往于香港上海之间，也几乎是一帆风顺的。

潘汉年深知，单是在上海建立起自己的情报工作据点，调配必要的情报班子，这只是开展情报工作的最一般的基础条件。更重要的问题是必须努力解决情报的来源即进一步开辟新的情报来源渠道。这其中的关键又是必须设法到敌对营垒中去寻找和建立内线关系。实践早已证明没有一定的内线，单靠公开的搜集或是临时花钱去收买，那是远远不能满足需要的。特别是那些具有重要价值的机密情报，没有特定的内线关系，就根本难以弄到。而要在敌对营垒中建立内线，无论是打进去或者是拉过来，都不是一件容易做到更不是容易做好的事情，这其中不仅要冒一定的风险，而且还必须付出一定的代价。明智的政治家和聪明的决策者大抵都懂得这一点，也从不会为了避免这种风险和代价而不去这样做。只是在这样去做的时候，如何设法使风险和代价尽可能地小一些罢了。事实上，在中外古今的情报史（或称谍报史）

上，敌对的双方，甚至在同盟者之间，互相渗透，互相建立内线以获得情报的来源，早已是尽人皆知的常识。从当时上海的实际情形来说，那里事实上也已经成了一个进行大规模情报战的战场；日本情报机关、汉奸特工总部，国民党的“军统”、“中统”，英、美、法以及苏联的情报人员，都在寻找着彼此的空隙，努力在对方的营垒中建立内线，从对方的内部猎取情报，因而形成了一种彼此渗透，相互交叉，你中有我，我中有你的错综复杂的局面。有的情报人员往往具有双重、甚至是几重身份，同时和几个方面发生联系。虽然，这其中也有极个别的是纯粹的职业情报贩子，但多数都是具有特定的政治背景，为某一政治力量服务的。但为了获得某一方面或者某一项情报，他们又不得不付出作为交换条件的某种代价。这些情况，外界虽然极少了解其中的奥秘，但在情报部门内部却是公开的秘密。

潘汉年作为一名高级情报主管人员，对于上述情报战场上的种种情形自然是一清二楚的。他自己在过去的情报工作经历中，也已经积累了不少这方面的经验。现在，当他接受中央社会部的派遣独当一面地留在敌后主持情报工作时，就不能不在这方面多动脑子，多想办法借鉴历史和现实的经验，努力扩大情报的来源，积极开辟新的情报渠道，争取到敌对营垒中去建立内线关系，把自己的触角伸向敌对营垒的内部。

在考虑和谋划如何把自己的触角伸向敌对营垒时，潘汉年首先想到了对一个人物的运用。此人就是后来成为潘的重要情报关系之一的袁殊。

袁殊在中国现代情报史上可以说是一个十分奇特的人物。他是湖北圻春人，1911年出生。少年时代即随母亲到上海滩谋生，在极为艰难困苦的逆境中，依靠半工半读，获得了相当高的文化程度。北伐时期，一度投身于北伐军当了个下级军官，并加入了国民党。大革命失败后，又投身于文化活动，在“狂飙社”做小伙计。1929年东渡日本留学，在那里接触到了一部分进步社会科学书刊，并专攻新闻学。1930年冬天因经济困难而被迫回国。回国后，袁殊立即投入到左翼文化运动之中。1931年春天，他创办了《文艺新闻》周刊，因其鲜明的左倾倾向而受到左翼人士的关注，和冯雪峰、夏衍等中共党员有了频繁往来。不久，就由当时主持中央特科情报工作的潘汉年将其吸收加入中国共产党，并让他参加情报系统工作。之后，又根据特科的部署，要他扮演所谓“白皮红心萝卜”的角色，秘密打入以CC派骨干吴醒亚为首的“湖北帮”以及CC的特工组织“干社”。与此同时，袁殊又以曾留学日本、精通日语的有利条件去接近日本驻上海领事馆的外交官（实际是外务省的情报官员）岩井英一，很快和岩井建立起情报关系，并接受其津贴。1933年，袁殊一度与中央特科失去联系，又到第三国际远东情报局工作。在此期间，1935年夏天，发生了著名的“怪西人”事件。所谓的“怪西人”实际是远东情报局负责人华尔敦，因在被捕后拒不回答一切问题，连姓名也不肯说出，因而被称为“怪西人”。“怪西人”被捕是由于远东情报局的一名干部先被捕而后叛变提供的。袁殊也因这个叛变分子的招供而被捕。被捕后袁殊因已被叛徒指认而不再隐瞒自己的政治身份。国民党特工机关因有意要拉袁殊入伙，便对他从轻发落，以思想犯罪为名仅判他两年零九个月的监禁，实际上又只让他在反省院待了一年零三个月就提前将他释放。袁殊之所以被从轻处理，另一个因素是日本驻上海领事馆的间接干预。袁殊被捕后，日方通过新闻媒体一再声称他是因为亲日才被捕的，要求国民党当局不要因此而损害日中关系云云。国民党当局当时正患恐日症，不愿得罪日方，因而有意网开一面提前释放。1936年5月，袁殊获释后，他又通过关系找到了当时担任上海地下党负责人的冯雪峰。袁殊则表示愿意再去日本留学一段时间，冯也表示同意。袁殊随即通过日本领事馆办好赴日手续。到达日本后，正在外务省供职的岩井英一为袁殊提供了多方面的帮助，不仅为他解决留学期间的费用，还介绍了一些日本政界和学界人物和他见面，其培养袁殊亲日，拉拢他为日方效力的用心是不言自明的。1937年4月，袁殊从日本回国。不久，他又找到了当时正担任国共合作谈判代表、又是中共上海工委负责人的潘汉年，向潘报告了最近几年的大体经历，恳切表示希望继续接受中共的领导，为革命为抗日尽一份力。同时将一份从日本带回来的日本军用地图作为情报资料交给潘汉年，以示其真心诚意。但潘汉年出于全局考虑和未来战略需要，并未拒绝袁的要求，从而恢复了和袁的联系。不久，抗战爆发，国民党的“中统”和“军统”都来拉拢袁殊入伙。特别是“军统”，因急于要开展对日的情报活动，又熟知袁与日本领事馆的长期交往，更加重视对袁殊的争取。戴笠亲自出马访问袁殊。袁殊向潘汉年汇报了“军统”的意图后，潘汉年认为可以打入“军统”以便相机行事。袁殊便接受了戴笠的任命，一跃而成为军统上海区国际情报组的少将组长。上海沦陷后，潘汉年撤离上海，暂时中断了和袁殊的联系。袁则按“军统”的要求继续留在上海活动。在此后的一段时间里，袁殊按“军统”部署在上海积极开展了包括搜集情报、刺杀汉奸等一系列活动，并一再受到“军统”的嘉奖。在此期间，袁殊又和已经回到上海，担任了日本驻上海总领事馆副总领事的岩井英一取得了联系，并帮助岩井对中国开展情报工作。1938年秋天，袁殊作为“潜伏有功人员”被戴笠召到香港去参加“军统”骨干工作会议。会上，戴笠一面表扬“潜伏有功人员”的业绩，一面又警告这些人不得有背叛“军统”的行动。戴笠虽不曾指名道姓，但袁殊心中有数：像他这样非黄埔系出身的人是不会被真正信任的。在香港开会期间，袁殊又秘密会见了当时也在香港的潘汉年，并向潘报告了一年来在上海的情况。潘汉年语重心长地对袁殊说，戴笠召你来开会，说明对你的信任。现在虽说国共合作共同抗日，但两党本质上是对立的，左右泾渭分明。你今后的前途将取决于你自己。向右，你可以跟着戴笠干下去，成为他的红人。但我看你是成不了他的红人的。因为“军统”是清一色的黄埔派系，这就要看你自己的决定了。袁殊听了潘汉年的这番话，心里颇不是滋味。当他再问及自己的组织问题（党籍）将如何解决时，潘答：这要看你以后的表现，将来再说。从香港回到上海后，袁殊按“军统”部署于1939年年初参与制订了暗杀原“中统”特务，现在已经投靠日本，并已成为汉奸“特工总部”头目李士群的计划。但正当他们准备将这一计划付诸实施时，却因“军统”上海区头目王天木等人的被捕叛变而将计划败露，袁殊也被李士群的“特工总部”逮捕。李士群过去被“军统”逮捕时曾受过严刑拷打，因而对“军统”恨之入骨。被捕的“军统”人员如不投降归顺，立即加以杀害，毫不手软。反之，军统对“特工总部”的人员也大搞暗杀活动。一时间，在“军统”和“特工总部”之间大开杀戒，可谓是血雨腥风，一片恐怖。袁殊被捕后，情况也极危险。日本宪兵司令部已按有关条例准备判袁殊死刑，袁殊却巧妙地把自己被捕的消息通知了日本领事馆，请求岩井英一出面救援。岩井果然以领事馆名义，以袁殊是外务省系统情报人员为理由，要求将袁殊交由领事馆审查，从而将袁殊从“特工总部”要走。袁殊虽因此而避免了一次杀身之祸，但岩井此举也绝非什么与袁殊“私交甚笃”而不要求予以相应回报。果然，当袁殊被岩井安排住进了百老汇大厦后不久，岩井就向他提出要求，要他立即写一篇谈所谓中日关系的文章公开发表，实际上也就是要袁殊公开表态，出头露面充当汉奸了。袁殊既因岩井的庇护才免遭杀害，现在又在事实上被岩井监控着，纵然内心里不愿意写这样的文章，却也不敢拒绝。经过一番思考斟酌，终于写了一篇题为《兴亚建国论》的文章，内容大体符合日本人的口味，附和了所谓“大东亚共荣”的论调。岩井看后表示满意，又交影佐过目后便被译成日文分别在中日多家报纸上发表。

就在这时，潘汉年再度从香港到了上海。他此行的任务除了督促和检查原有的一些情报工作部署外，另一个重要目的就是要直接找到袁殊，了解其目前的情况，并且准备和他恢复已中断一年多的联系。对袁殊过去的情况，潘汉年是基本了解的。一年前袁殊应戴笠之召前往香港时，潘汉年就与袁殊有过接触。知道他当时和“军统”、日本情报部门都有联系。从情报工作的规律看，袁殊是很有争取价值的。还在延安中社部领导层研究敌后情报工作部署时，就已经考虑到要把争取运用袁殊作为工作计划的一部分。现在潘汉年已来到敌后主持和指导情报工作，当然会首先想到对袁殊进行工作，以实现自己在敌对营垒中建立重要内线的目标。

潘汉年通过关系很快就和袁殊联系上了。潘汉年需要从袁殊这里打开通往敌人内部的渠道。会见时，袁殊将自己近一年来经历的种种情况向潘汉年做了汇报。他说，原来他和岩井的情报关系是秘密的，岩井在领事馆以外的地方弄了一座楼房用“岩井公馆”的名义搞了一个情报摊子开展活动。自从他被岩井从李士群的“特工总部”“营救”出来之后，岩井不仅要他继续参与“岩井公馆”工作，而且还要他公开发表文章，实际上就是要他从事公开的文化汉奸活动。他现在正面临着难题，希望潘汉年对他今后的工作能有所指示。

潘汉年明确地告诉袁殊说：“我们可以变被动为主动，岩井要利用你扩大他的势力范围，我们也正可以利用他的招牌作掩护扩大我们的工作阵地。只要你是真心为抗战出力，不改初衷，将来人们是会谅解一切的。”

得到潘汉年这样的明确指示后，袁殊心中有了底，不久，他就按照岩井的安排公开扯起了汉奸的旗帜，在岩井提供的一幢楼门前挂上了“兴亚建国运动本部”的招牌，成立了“兴亚建国运动委员会”的组织及其下属办事机构，并筹备出版了《新中国报》和《兴建》杂志。袁殊担任了“兴建”委员会的主任干事和报社、杂志社的社长。岩井为了掣肘汪伪汉奸势力另立这样一个新的汉奸派系而给了袁殊以大力的支持。与此同时，潘汉年为了利用这个派系掩护自己的情报工作也在幕后给了袁殊以积极的帮助。他把改组派的旧人，经何香凝、廖承志做工作表示愿意为抗日做些有益事情的陈孚木动员担任了“兴亚”委员会的主任委员，以提高“兴亚”的地位和袁殊的身价，又从大后方桂林把袁殊的旧友，已经加入共产党的翁从六以及进步记者叶文津调来帮助袁殊办报、办杂志，让其发挥独特的作用。他又让袁殊把延安来的情报干部刘人寿弄到“岩井公馆”里去工作。这样，潘汉年就顺利地把自己的触角伸进了岩井的情报系统和“兴亚”的汉奸机构内部，并在组织上通过刘人寿和翁从六同袁殊建立有效的联系。“岩井公馆”和“兴亚”机构就成了潘汉年新的情报来源渠道。刘人寿一度还在“岩井公馆”内架设了自己的电台，虽然最终因困难太大而未发挥作用，但也说明中共向敌人情报机构内部渗透之深入程度。袁殊本人通过各种渠道所能获得的许多重要情报，自然也能够及时地转送到潘汉年的手里。为了消除袁殊的顾虑，避免军统方面因袁殊的公开“落水”而对他采取报复性的暗杀行动，潘汉年还动员了一位与戴笠素有交往的知名人士，把袁殊写给戴笠的一封表示因不得已而“落水”，但仍将不改变为抗战效力的初衷，希求戴予以理解的信件送往重庆。并且将戴笠表示可以谅解的回信携回上海，从而使袁殊安心地背负起了“汉奸”的恶名。

第十一章　随机应变　和岩井在情报战场角逐

袁殊在中共、国民党“军统”和日本人岩井之间，已经反复周旋了几年。他和国民党“军统”、日本人岩井之间的关系，是已经向中共报告了的。但他和中共之间的实质性关系，国民党和日本人都并不清楚。他们只知道袁殊过去曾经是中共的情报人员（这一点袁在被“军统”逮捕后承认了，并且上过报纸）。但袁后来要求向中共归队以及现在正和中共恢复密切联系的情况则并不知道。袁殊想到自己现在是在日本人的眼皮子底下活动，既是秘密的日本情报机构“岩井公馆”的人员，又是公开的汉奸组织“兴亚建国运动”的头面人物。日本人不会不在暗中对他有所监视。一旦发现他同中共要人潘汉年暗中往来，就有可能对他提出质疑，自己就会陷入被动，甚至危及自己的安全。他决定把这个问题向潘汉年说明，让潘汉年来解决他所面临的这个难题。于是，就在潘汉年到百老汇大厦来和他联系时，向他提问说：“你到我这里来，日本人可能是已经注意到的。如果他们问起来，我应该怎样回答他们呢？”

这个问题提得有些突然。潘汉年经过冷静思考后回答袁殊说：

“那你就告诉他们我的另一个化名‘胡越明’。就说我过去是你的一位老师，曾经是一位左派人物，北伐时期和林伯渠、郭沫若、叶剑英、叶挺等人熟悉，一向是反蒋的。目前寓居香港，主张中日和平解决争端，是可以帮助你搜集大后方许多情报的。”

袁殊接着又问：“如果岩井要求我把你介绍给他怎么办？”袁殊需要从潘汉年这里了解他的底牌，以便进退有据，做好应付的准备。潘汉年却不能不想到这是一个相当严峻的问题：一旦答应和岩井直接见面，就有可能被要求直接参与日本人所需要的某些情报活动。然而如果拒绝和岩井见面，也并不妥当。那样就会使袁殊在日本人面前陷入被动，会影响他在“岩井公馆”建立内线的任务。换一个角度看，他如果答应可以和岩井见面，包括接受岩井可能对他提出的某种要求，让自己也参与到敌方的部分情报活动中去，根据不入虎穴，焉得虎子的传统哲学，按照情报工作特有的规律，他也就可以直接从敌方猎取到若干自己所需要的情报。这或许是一种利大于弊的选择。关键仍在于自己要善于争取主动，随机应变，把握尺度。经过这样一番考虑后，潘汉年便明确回答袁殊说：

“如果岩井要你把我介绍给他，那我就用胡越明这个化名和他见面。我可以表示愿意和你合作在香港为你们搜集情报。”

听了潘汉年这样的答复后，袁殊心里进一步踏实了。他觉得潘汉年如果介入岩井系统的情报工作，他自己就可以心安理得地外蒙汉奸之名，内为抗战效力之实。

不过，袁殊同潘汉年会见之后，就主动去向岩井介绍了和潘汉年的接触情况。而且在介绍时不仅按潘汉年交代的口径谈了“胡越明”的情况，并且隐隐约约地透露了胡先生可能即中共要员潘汉年的身份。以便日后一旦被日方发现他容易应付。

数日之后，岩井英一就约请潘汉年在虹口一家日本餐馆见面。陪同见面的袁殊首先按照潘汉年几天前约定的内容向岩井介绍了这位“胡越明”胡先生的简要情况。岩井则很客气地表示：欢迎胡先生和袁先生合作，欢迎胡先生做我们的朋友。席间，岩井向潘汉年询问了一些香港和重庆以及整个大后方的情况。潘汉年适度地讲了一些香港和内地的概况，包括国民党和共产党以及其他各党派的情况，还讲了一些苏联、美国和英国与蒋介石政府的关系，等等。岩井对这些情况显然很感兴趣。虽然其中并没有什么特别的机密信息，而大多属于新闻背景资料和时事观察分析，但潘汉年的侃侃而谈和独到的评述，还是令岩井听得津津有味。

先后会见袁殊、岩井之后，潘汉年又在上海安排了些别的事，很快就返回香港了。又隔了一段时间，岩井就派袁殊到香港和潘汉年取得联系，正式要求潘汉年和袁殊合作，为“岩井公馆”搜集情报，并请潘汉年拟订一个工作计划报给岩井。看来岩井很看重潘汉年这个情报关系。

潘汉年经过认真考虑后，决定索性就利用岩井这个关系，把香港的情报摊子再扩大一些，以便更广泛更系统地搜集更多的情报以适应不断发展的形势需要。他对袁殊说：

“我们就用岩井这个关系作掩护，在香港建立一个新的情报据点。你可以向岩井报告，就说我计划办一家公开的刊物作掩护，以便团结和联系一批人，广为搜集香港和内地的情报。我们负责每半月向‘岩井公馆’提供一次情报，要求他们每月供给我们2000元港币作情报费用。另外，办刊物还需要一笔开办费，也要请他们事先供给。”

袁殊立即将潘汉年的这个计划通过日本驻香港领事馆向岩井做了报告。岩井很快批准了这个计划。他指示日本驻香港领事馆的馆员小泉清一和袁殊一起再去会见潘汉年，并带去10000元港币作刊物开办费用，要求潘汉年迅速将计划付诸实施，并约定以后每半月交付一次的情报由小泉清一负责接收。

在落实这个计划之前，潘汉年及时地向廖承志和张唯一介绍了他和袁殊联系合作以及准备进一步开展工作的情况。他说，袁殊是一个老情报关系，现在已进入日本情报机构“岩井公馆”工作，我们要利用这个关系建立一条内线。我们还要利用这个关系把香港的情报摊子扩大，以便更广泛地开展工作。廖承志和张唯一显然都被潘汉年的情况介绍所吸引。经研究决定：以后每半月要交给小泉清一的情报，在潘汉年的指导下由张唯一和另一位在“军统”做内线的同志负责编写，内容以大后方情况为主，包括国共合作情况，美、英、苏在香港和重庆的活动情况，等等。不用说，这类情况的编写必须仔细斟酌。不能太有价值，也不能没有价值，它应是一种诱饵，绝不能让敌方对它不感兴趣。同时决定派陈曼云做联络工作负责和小泉清一联系，供给情报，取回情报费用。

不久，潘汉年根据袁殊的建议，商请正在香港主持“国际新闻社”的恽逸群来主编计划出版的新刊物，刊名定为《二十世纪》。潘汉年要求刊物以中间面貌出现，内容尽量灰色一些，便于起掩护情报工作的作用。后来，恽逸群又邀请郑禹森来帮助他工作，正是在这里，恽逸群和郑禹森被潘汉年发展为中共特别党员。刊物编辑部便成为中共情报工作的新据点。

岩井英一这个人是很值得注意的，他既然已经从袁殊的报告中知道“胡越明”的真实身份就是中共要员潘汉年，何以又会答应让袁、潘合作共同开展情报工作，并且一直不点破潘的真实身份，而且装出很相信“胡越明”是一位普通左派人士的样子，放手让袁、潘去从事情报活动呢？这正是岩井这个日本职业情报主管和普通的日本特工人员的区别。岩井出身于日本同文书院，战前他就进入外务省系统工作，并担任过日本驻上海领事馆的官员，以搜集中国政治情报为其主要职责，故有所谓“中国通”之称。抗战爆发后，他升任日本驻上海总领事馆副总领事，仍以主持对华的情报工作为主要职责。他在领事馆以外的地方专门设立了一处“岩井公馆”，作为他直接掌握的情报机构。其任务和“梅机关”不同。它不直接参与政治和军事方面的具体行动的策划。它和“76”号更有区别，它不搞侦察、搜捕、关押审讯等活动。它的基本任务是从事战略情报的搜集，尤其注重搜集中国内地的政治动向和中国政府同苏、美、英、德等国关系的情报，以供外务省咨询与决策的参考依据。岩井为人讲究外交官风度，对人彬彬有礼，擅长社交，尤其喜欢和中国的文化人以及左派人士接近，从自己的独特视角观察和了解中国。他还很重视文化和舆论的宣传工作，相信孙子兵法的“攻心为上”策略。他以其所谓的“社交”积极和袁殊拉关系。两次把袁殊从国民党“军统”的监狱和汪伪“特工总部”的牢房里“营救”出来，让袁殊为外务省系统做情报工作。同时动员他出面参加所谓“兴亚建国运动”这样的文化宣传活动。他当然知道袁殊过去的经历，包括他曾经是左翼文化人和为中共情报机关，为第三国际情报机关，以及为“军统”服务的经历在内。但或许正因为如此，岩井才很重视和袁殊的合作，因为袁殊能够同各方面都拉上关系，因而也往往能够发挥别人所无法起到的作用。他自然也知道（至少也一定会想到）袁殊在和“军统”、和中共情报机构联系时，不会总是空着手而不向“军统”和中共提供许多日方情报材料的。然而他在情报战场上已经磨砺多年，深知在这个特殊领域内收获与付出常常是互为条件的。他在外务省系统的职位不断上升，主要是依靠他在情报战场上的收获业绩而为外务省当局所瞩目。至于必要的付出，那是次要的，也是容易被理解的。因此，他不仅放手让袁殊去进行活动，而且当袁殊向他引荐潘汉年，潘汉年表示愿意与袁殊合作在香港组织情报班子从事搜集情报活动时，他很快就同意批准了。他当然会想到潘汉年这位中共情报官员会利用袁殊和“岩井公馆”猎取日、汪方面的情报。但他更重视潘汉年所能为他提供的有关中国内地以及重庆政府和苏、美等大国关系的情报。换言之，岩井是一位务实的情报主管，首先看重的是自己的政治利益。他之所以和潘汉年打交道长达近三年时间一直不点明潘汉年的实际身份，正表明了他的老谋深算，胸藏城府。而且他也一直只是自己心中有数，并不让他的手下人知道实情。据陈曼云说，他在香港代表"胡越明"和小泉清一定期联系，时间久了，和小泉清一也熟了。有一次小泉清一对陈曼云说：岩井对他的助手户根木说过，他很佩服胡越明，并且关心胡的安全。"有人说胡先生就是潘汉年，是著名的共产党人，但尚未证实……如果真的是，问题就不简单。你是怎么认识胡先生的？你听说过潘汉年这个名字没有？"看来小泉是并不知道胡越明即潘汉年的。他对陈曼云说这些，或者是有意试探，也或者是随便问起，都反映了情报战场上的这种神秘莫测现象。

经过一段时间的接触、试探和商讨，潘汉年通过袁殊和日本情报机构"岩井公馆"及其主持者岩井英一之间便建立了这样一种特殊的关系：袁殊不断从"岩井公馆"搜集情况供给在香港的中共情报机构；潘汉年则以胡越明的名义在香港定期为"岩井公馆"提供情报。互相利用，各取所需，这正是情报战场一种特殊的政治游戏和智慧角逐。潘汉年还在几次从香港到上海部署和检查情报工作期间，直接和岩井接触交谈。这时，他和岩井都以政治活动家的姿态评论时事，深入研讨，彼此也都能从对方的谈论中得到自己所感兴趣的东西。这种高层次社交的直接交谈，实际上也是获得情报的一种渠道。

袁殊在这场特殊的情报战的角逐中的表现也很值得注意。他一再表示愿意在中共领导下为抗战效力，并且也确实作出了一定的努力，为中共提供了许多有价值的情报。但他在整个活动过程中又总是小心翼翼，处处设防，为自己留着退路。1940年后，袁殊主持的"兴亚建国运动"，在影佐的干预下宣布解散，日方又先后让他担任了汪伪国民党中央委员、汪伪国民党中宣部副部长、伪宪政实施委员会委员、伪"东亚联盟"中国总会宣传委员会副主任、伪清乡委员会政治工作团团长、伪江苏教育厅厅长兼无锡教育学院院长等高级伪职。在此期间，他按照中共方面的要求，也曾为抗战做过一些有益的事，在潘汉年离开上海到淮南根据地后，袁殊和中共的联系便形成若即若离的状态。1945年8月，抗战胜利后，袁殊又一次面临严峻的考验，他后来说，当时自己有三条路可供选择：一是偕家外逃移居日本，做海外寓公。但这一走，他就永远成了名副其实的汉奸。他不想走这条路。二是投靠"军统"。当时"军统"曾将他列入"地下抗战有功人员"，委任他担任上海站第三区的站长和"军统"

武装忠义救国军第五纵队的指挥，并授予中将军衔，并要他帮助抢夺抗战胜利果实。但不久，就又传出消息：国民党政府将按汉奸罪对他提出起诉。再一条路就是回归革命队伍，投奔解放区。当时中共方面认为他长期公开为日伪工作，不宜再留上海，要他撤回根据地，并为他做了妥善安排。袁殊最终是选择了回归队伍，投奔解放区之路。

1946年袁殊回到根据地之后，先后担任了华中联络部第一工委主任、政务院情报总署副处长、中央军委联络部副处长等职务。1954年中央军委审干时，对袁殊参加中共的情报工作给予了肯定。

第十二章　里呼外应　把触角伸向汪伪汉奸高层

1939年秋冬之际，潘汉年在香港以敌后地区情报主管的身份，运筹帷幄，作了好几篇大文章。争取和运用袁殊在日本驻上海领事馆的情报机构“岩井公馆”里建立内线，只是其中之一。就在作这篇文章的同时，他又作成了另一篇大文章，即调派中共地下党员关露深入到汉奸李士群官邸去探路，以便在可能的条件下让李士群为我所用，或是在时机与条件成熟时，把他拉过来为抗战做更多一些贡献。

李士群这个人虽然最后的结局是死于汉奸特务的内部斗争之中，终其一生微功不足以抵其大罪。但其人其事的复杂性，仍值得后人予以应有的重视和研究。他是浙江遂昌人，出身寒门，幼年在家乡读过私塾，后到上海求学，并参加了中共领导的革命运动。1927年到1928年间，曾在苏联学习。回国后即参加中共地下党的工作。1932年他被国民党特工机关中央组织部调查科逮捕后自首叛变，旋即被委派为调查科上海区的情报员，同时令其参与编辑《社会新闻》杂志作掩护，又让他参与CC策划的“留俄同学会”的活动，以引诱留俄归来的学生为国民党服务。李士群为人利欲熏心，凶狠狡诈，叛变革命充当国民党特务后又企图重新钻进革命营垒充当反革命内线，窃取革命情报向其上司邀功请赏。他隐瞒叛变事实，要求中共允许他归队。中共情报机关令他参与执行消灭叛徒丁默邨的任务，也许是同病相怜惺惺惜惺惺之故，李士群不仅没有执行中共情报机关的指示，反而向丁通风报信，然后又与丁密谋“李代桃僵”之计，乘机将其顶头上司调查科上海区区长马绍武除掉。事发后，调查科严厉追查，李士群涉嫌被捕入狱，并且备受种种酷刑。后因证据不足，又因李士群老婆叶吉卿在外面进行了大量营救活动，调查科终于将李放出。此后，李被继续留在调查科工作。抗日战争爆发不久，李士群脱离“中统”投奔了日本侵略者，充当汉奸。经日本驻香港领事中村丰一介绍，李士群到上海日本驻华大使馆书记官清水董三手下去做情报工作。由于他在日本人策划帮助汪精卫叛国投敌的活动中起了积极作用，受到了日本特务头目土肥原和影佐祯昭的赏识。不久，即在他们的支持下与已经投敌的丁默邨合伙在上海建立了战时沦陷区最大的特务机关“特工总部”。因最后选定在极司菲尔路（今万航渡路）76号为总部所在地，人们就以“76”号作为“特工总部”的代称。汪精卫伪政权建立之后，在日本人的操纵下，李士群、丁默邨又与汪伪合流，除继续经营“特工总部”外，又担任了汪伪政权的许多要职。李士群因其心狠手辣、干练圆滑而官运亨通。两三年之间，从一个小小的情报员，爬到“特工总部”主任的宝座，又爬上了汪伪警政部长、调查统计部长、江苏省省长等显要职位。一直发展到与汪伪实际上的二号人物大汉奸周佛海一争高低、分庭抗礼的地步。

李士群在投靠日本与汪伪合流，建立起“特工总部”，成为名副其实的大汉奸大特务之后，并未就此死心塌地，准备在这条黑道上一直走下去，走到底。经过十多年政治风浪的剧烈震荡和官场的升降浮沉，他的以自我为中心的人生观和处世哲学有了进一步的经验积淀。于是他选择了一条在政治上投机取巧实行多边的在日、汪、蒋以及中共之间走政治钢丝的策略。这当然是非常危险的策略。但他就像一个已经屡遭挫折输怕的赌徒，再也不敢把赌注全部只押在一个点子上，唯恐一次就把老本全部输光输尽。他在苏联留过学，又在中共党内熏陶过数年，马列皮毛和社会发展科学知识从实用观点出发也多少掌握了一些。今后的中国究竟是谁家的天下，他也不能不有所考虑。因此，他在投靠了日本人，充当了大汉奸，帮助日伪干着许许多多坏事的同时，又向蒋介石政府暗送秋波，在和“军统”大打出手一阵之后，又密电向军统表白：“今后决定停止捕杀渝方人员，望彼此谅解”云云。对于中共，他也不想把路走绝。他看到中共在抗战爆发后的迅速发展壮大，看到中共在政治和军事上都已经在中国形成了举足轻重的地位，于是他也不失时机地通过关系，向中共方面传递信息：希望中共能够派人和他取得联系，他将尽可能为中共、为抗战做一些有益的事。李士群的所有这些动作，当然都是为了给自己留退路，留后路，所谓“狡兔三窟”是也。

中共方面对于李士群的叛徒性格以及他的“三窟”之计当然也并非没有明察。然而政治斗争的策略和侦察情报工作的历史经验及其普遍的规律，都促使中共方面不能不重视李士群这个人物的特殊经历及其可能被利用的价值。中央社会部作为中央保卫和情报的首脑机关在研究敌后情报工作时，就曾经把李士群作为一个可资利用的工作对象加以分析。并确定了倘有可能应有条件地予以运用的策略。当潘汉年坐镇香港统一谋划和部署敌后情报工作时，李士群向中共所传递的信息被他及时抓住了。他向中央社会部报告了李士群的这一新动向和自己准备采取派人去和李士群联络的工作计划。这一计划得到了中央社会部的同意。于是，潘汉年开始做起了李士群这一篇大文章。

李士群的心眼儿又多又细。他希望中共派到他那儿去联络的人是和他熟悉，往来比较方便的人。他的潜台词自然是怕引起日伪对他的怀疑。他指名道姓，希望由和他家过去关系密切的胡绣枫来担任联络任务。他之所以要指名请胡绣枫来，一个很重要的原因是，胡绣枫和她的丈夫李剑华当年在他第二次被“中统”逮捕时，曾经为营救他出过大力，有恩于他。李剑华是一位著名的进步人士，和国民党许多上层人物有些关系。李士群第二次被中统逮捕后，李士群的老婆叶吉卿向李剑华和胡绣枫夫妇一再恳求，请他们援之以手。李剑华夫妇当时对李士群已经有过自首叛变的情况并不清楚，便积极为之奔走，对李士群的获释起了重要作用。李士群夫妇对李剑华夫妇因此而心存感激，之后两家时常往来，叶吉卿和胡绣枫也就很熟。抗战开始后，1938年李士群叛国投敌当了汉奸后，两家从此也就断绝了联系。现在，李士群虽身居汉奸特务要职，却又想“足踏两只船”，给自己多留下一条退路，便暗中向中共通消息。希望中共派人和他保持联系，以便随时向中共提供一些情报。为了联系方便，顾忌到当时日伪的猜疑，他请和他家很熟的胡绣枫来担任联络任务自然最为恰当。他知道胡绣枫的中共政治背景，又是一位女性，凭着和他家过去的关系，进出官邸不致引起外人的注目。

潘汉年根据李士群的要求，立即向有关方面了解胡绣枫的情况。这时胡绣枫正在内地的一个中等城市工作。由于李剑华正担任该市市长，从事上层统战活动，胡绣枫自然也不便离开。又经了解，胡绣枫的姐姐胡寿楣那时仍留在上海，也是中共地下党员。现已改名关露，并且是一位有一定知名度的女作家。潘汉年便决定请设在重庆的南方局出面把关露调来，以姐代妹到李士群那里去担任联络工作。于是不久，南方局在上海的情报工作负责人刘少文指示关露速去香港找廖承志接受任务。廖承志即当时中共八路军驻香港办事处主任。

关露到达香港的第二天，廖承志便和潘汉年一起到关露下榻的旅馆里来看她。关露和他们过去没有见过面。廖承志便首先对关露说："我就是廖承志。请你到香港来是要让你接受一项特殊的任务。具体工作和应当注意的问题（他指了指在一旁的潘汉年），将由潘汉年同志给你交代。他是从延安来的，专门负责这方面的工作。"潘汉年虽是第一次见关露，但对她的情况显然已有相当了解，便开门见山对关露说："组织上派你到汉奸特务头子李士群的身边去做联络工作，你可以从他那里见到和听到很多的情况，他也可能会主动地向你提供一些情况，这些情况对我们都是有用的情报。"接着，潘汉年又简要地向关露介绍了李士群的过去和现在的一些情况，以及之所以要派她去担任此项任务的原因。

听了潘汉年的介绍，关露这才知道组织上这次要她专程来香港接受的"任务"竟是如此特殊而又如此重要。她虽然已经做过几年地下工作，但大都属于宣传教育和组织群众运动之类，工作对象都是革命的基本群众。而现在要她去做的"地下工作"竟是去和人人切齿痛恨的汉奸特务打交道，而且还要装着若无其事满不在乎的样子。这在感情上确实是一件难以接受的任务，但在理智上她又清醒地知道完成这一任务的重要意义。既然是革命工作，再难也得有人去做。"我不入地狱谁入地狱"，她以一种崇高的献身精神勉强地接受了任务。当她想到自己从事这样的工作毫无经验，请组织上对她的工作再作些指示时，潘汉年说："有两点请你千万要注意：一点是，你在李士群那里只能用耳朵和眼睛，不要用嘴巴。另一点是，以后要是有人说你是汉奸了，你可不要辩护，一辩护就糟了。"

关露默默地点头表示："我不辩护就是了。"

潘汉年最后交代说："你回上海后，我会马上派专人负责和你联系的。以后有什么情况和问题，你同他直接联系就行了。"

关露回到上海的第二天，潘汉年派的人果然找了关露，通知她尽快到李士群那里去开展工作。来人名叫吴成方，是从龚饮冰、刘少文系统转归潘汉年领导的情报干部。此后就一直由吴和关露单线联系，指导她在李士群那里的工作。关露按照组织上的指示，以李士群夫妇朋友的身份，就经常去李士群的公馆里拜访。表面上是陪他们夫妇一起喝茶、吃饭、打牌、聊天，实际上她每次回到自己的住处便将她在李家所见所闻（包括李士群有意说给她听的）的情况加以整理及时通过吴成方向潘汉年情报系统报告。这样，中共情报机关不仅可以从关露的报告中获悉不少有关日伪的情况，而且可以直接观察和掌握李士群本人的一些动向。

关露受潘汉年的派遣担负和李士群联络的任务时间长达两年有余。直到1941年冬天潘汉年从香港转移到上海，为了进一步加强和李士群的关系，决定亲自出马和李士群打交道，并另派联络人员之后，才于1942年年初将关露撤离李士群处。

历史的曲折和离奇。有时是很难让人作出清晰的辨析和公允评断的。关露离开李士群那里后，鉴于她已经被人误解为和汉奸特务打得火热，曾经恳切要求组织上让她到延安或是新四军根据地去工作。但组织上并没有同意，又继续派她到日本驻华大使馆和海军报道部合办的由日本人担任社长，一个名叫《女声》的杂志去工作。任务仍然是要她利用职务的方便接近日方人士搜集情报。但这样一来，她就是公开地参加了汉奸文化活动。1943年2月关露还去日本参加了“大东亚文学代表大会”，虽然她回来后搜集了不少日本本土的情报资料，但参加这次活动本身又给她的文化汉奸身份增加了新的“证据”和知名度。问题是在于：抗战胜利后，当国民党政府准备以文化汉奸的罪名惩办关露时，经中共组织的积极安排，关露才得以脱逃国民党的追究回到根据地。然而根据地方面对于脱险归来的关露，却是把一盆又一盆冷水泼到了她的头上。不明真相的青年在大街上当众羞辱她，根据地的报刊不同意她用关露的署名发表作品，最使关露伤心的是组织上不同意一位从事公开外事活动的共产党员和她“自由恋爱”。更使关露委屈的是，根据地开展整风和审干运动时，她受到怀疑并且被关押起来进行隔离审查。虽然很快就被证明她并没有问题，但她这一段历史却成了她后来所遭受的一切折磨和灾难的根源。1955年潘汉年冤案发生后，她受牵连被关押审查整整两年。1967年“文化大革命”中开展所谓清理阶级队伍时，她又被抓起来关押审查折磨整整八年。当然，这一切，到了1983年的春天，终于都得到彻底的纠正和平反。然而此时的关露却已是年逾古稀，病魔缠身，心如枯井。数月之后，这位曾经在左翼文坛上驰骋呼号，后被调入隐蔽战线忍辱负重，被加上“文化汉奸”的恶名，在后来的一系列政治运动中屡遭怀疑、打击和迫害，一辈子没有结婚的女诗人便悄然弃世，用过量的安眠药结束了自己的生命。令人深思的是，在悼念关露的座谈会上，一位著名的政治活动家叹息说：

"我认为，让一个已经驰名的左翼作家去当'文化汉奸'在群众中造成不好的影响，现在看来，这样的安排是不妥当的。"

这位政治活动家正是36年前曾经热恋过关露又被组织上劝阻和她往来的那个人。他这样说是可以理解的。但他的话也许对，也许不对。问题是在1939年冬天和1942年春天的上海，彼时彼地为了得到日伪的情报，可以而且应该不惜一切代价和采取一切必要的方法，为的是夺取抗战胜利的最高利益。当李士群表示愿意和中共联系并希望中共能派他所信任的人去担任和他联络工作时，潘汉年以及刘少文、廖承志乃至南方局负责人决定派关露去无疑是一种恰当的选择。可惜的是在关露回到根据地之后，在革命取得胜利之后，发动各种政治运动及其各种具体政策的制定者和执行者，忽视或者是忘记了当年的特定历史和政治利益的需要。而有些人为了另外一些政治利益的需要而无视历史，总是以"左"的目光审视历史，以便证明自己的一贯革命、一贯清白、一贯正确，等等。

总之，关露的命运是由错综复杂的历史所决定的。把关露派去充当"汉奸"，影响了关露一生命运的潘汉年自己，命运比关露更为悲惨。这是后话了。

1939年秋天，在潘汉年殚精竭虑策划敌后情报工作时，有一天，一位情报干部向他报告一个重要信息：汪精卫叛国投敌后在河内酝酿组织他的未来的政权的班底时，曾派人四处联络他的旧部下和旧相识，动员这些人追随他一起投靠日本，准备还都南京另行组建傀儡政权。汪精卫改组派的旧人之一陈孚木那时正在香港滞留。此公在抗战前曾因涉嫌招商局舞弊案而受到蒋介石的追究，后来定居香港，曾创办《大众日报》，因经营不善而亏损停办，后来就一直赋闲，顺便也经营一些小生意，实际上仍是一位失意的政客。汪精卫派人去香港联络他，动员他"出山"时，他知道追随汪精卫就是公开当汉奸。这汉奸的名声及其后果他不能不有所顾忌，因而未敢立即答应汪精卫派来的说客。

这位中共情报干部在向潘汉年报告上述信息后向潘提出建议说："这是

一个派人到汪伪政权上层活动的机会，我们是否可以支持陈孚木接受汪的邀请去投靠汪，并要求他向我们提供情报呢？”

潘汉年想了想说：“我们当然可以支持他去。关键是他本人能否真心诚意去实行这种‘木马计’而甘愿承受被人唾骂的汉奸的恶名？”

这位情报干部通过关系将潘汉年的意见向陈孚木做了转达。陈听了之后，便表态说：他原不想理睬汪精卫对他的邀请。但如果中共方面对他有信任，有意让他到汪那里暗中为抗战效力的话，他愿意考虑去。但他随即又提出一个要求说，公开去当汉奸实在事关重大，他想晋见并请示一下何香凝先生。他要借重何香凝的崇高威望来为他证明，他是为了抗战而“下海”投汪，甘当汉奸骂名的。

潘汉年听了这位情报干部汇报的情况后，认为只要陈孚木真心愿意为抗战效力，可以满足他的晋见何香凝先生的要求。因为这不仅有利于陈孚木的心理稳定，同时也可以形成对陈孚木心理上的一种压力。因此，他通过廖承志，请何香凝先生会见一次陈孚木。

德高望重的何香凝在会见陈孚木时，语重心长地反复告诫陈孚木说，为了配合祖国人民的抗日，要他深入虎穴，实行里应外合，非同儿戏，千万不要空言“身在曹营心在汉”，一定要外蒙汉奸之名，内行抗战之实。否则，抗战取得胜利后，这笔账是不好算的。陈孚木唯唯聆听，表示一切遵命行事。最后，何香凝郑重向陈孚木表示：她愿意做他的证明人，证明他接受汪精卫的邀请参加伪政权活动是为了配合抗战，并非是投敌当汉奸。但是将来能否贯彻初衷，作出成绩，还有待以后的事实证明。

陈孚木离开香港去投奔汪精卫的前夕，潘汉年和廖承志还特地在英京酒家为陈饯行，并约定，潘汉年将派张建良作为和陈孚木之间的联系人。

为了使陈孚木尽可能多发挥一些作用，潘汉年又通过袁殊的关系把陈孚木拉去参加“兴亚建国运动”，还推举他挂上了这一汉奸文化组织的委员长头衔。目的是让他有更多接触日伪上层人物的机会，多搜集一些情报。

但很可惜，陈孚木并没有能够真正履行向何香凝先生的承诺，他到汪精卫那里后，由于汪的左右人物之间互相争权夺利矛盾倾轧，使他并没有得到汪的重用。后来因为他和陈公博的私交不错，陈公博任伪上海市长后，他便随陈公博到上海做他的幕僚。按说，在陈公博这个第二号汉奸人物身边活动也是可以搜集到许多有用情报的。但陈孚木却不甚用心，每每只提供一些最一般的情报，而没有作出应有的成绩。陈公博在汪伪内部矛盾倾轧中一度失势，被迫离开了汪伪政权的权力核心，于是变得消沉、颓废，肆意追逐花天酒地纸醉金迷的生活，烟、酒、嫖、赌，无所不为，陈孚木也受其影响，积极陪同和参与，成了陈公博糜烂生活的密友，过起了醉生梦死的日子。在这种情况下，对于中共委派的任务，对于何香凝老人的谆谆告诫，虽然不能说已经完全置于脑后，也大体是应付了事。几乎丧失了作为一个情报人员的作用。

潘汉年虽然曾几次对陈孚木的工作提出具体要求，并通过关系对他进行督促，但终因此公献身抗战事业的思想基础薄弱而未能收到良好效果。这样的情况在整个情报工作领域内大概也是难以完全避免的。

第十三章　八面来风　把重要战略情报源源发往延安总部

经过从1939年秋天到1940年春天的不断努力，潘汉年在香港和上海两地分别建立了自己的情报工作据点，并通过这两个中心据点与其他有关的情报人员建立了性质各不相同、密切程度各有差异的联系，从而形成了一个相当规模的情报网络系统（业内人士称之为“潘系统”）。在此后的几年间，特别是在1940年到1941年间，潘汉年的情报系统工作极为活跃，成效也十分显著。潘汉年本人坐镇香港，又不时往返于港沪之间，眼观六路，耳听八方，驾驭着自己所组织起来的情报网络，和各类情报关系进行直接或间接的联系，及时地把来自各方面的情报信息，经过精心的鉴别、筛选、综合、判断，再通过无线电波源源不断发往延安总部（有时也同时发往重庆中共南方局）。这些情报信息，对于延安中共决策机构来说，无疑具有十分重要价值。其中有一些重要的战略情报，更是直接为中共中央的决策提供了重要的依据。因此，中共中央曾多次对潘系统工作予以表扬。

1940年到1941年这两年间，正是中国抗日战争历史进程中战略相持阶段最为艰苦曲折的时期：日本侵略军在正面战场不断对蒋介石政府施加军事压力，直逼湘、鄂、桂等省的腹地，以逼迫蒋介石政府妥协投降；而在敌后战场上，则对八路军、新四军的根据地进行大规模的军事“扫荡”，实行罪恶的“三光”政策。与此同时，国民党政府又接二连三地发动反共高潮，制造磨擦和分裂，对国共合作抗战大业形成了严重威胁。

这两年间，世界反法西斯战争也经历着极其艰苦和严重困难阶段。希特勒德军在势如破竹席卷欧洲大部分地区后，又于1941年6月对苏联发动了“闪电式”袭击。猝不及防的苏联在短期内失去了大片疆土和人力物力资源，直至德军兵临莫斯科城下。日本侵略者野心勃勃，为了和英美在南太平洋地区争霸，于1941年12月偷袭了珍珠港，使美国军队遭到了沉重打击。

面对着国际国内动荡不定、风云变幻的形势，潘汉年以高度的敏感和责任心，密切关注着所发生的一切，并且随时作出尽可能准确的判断，让延安中枢决策机关能够及时掌握情况，采取对策。这其中，最具有价值的战略情报，主要有以下几个方面。

一是：揭露“远东慕尼黑”的阴谋。众所周知，中国的抗日民族解放战争所以能够实现，能够在全民族范围内动员起来实行全民抗战，全面抗战，首先是因为建立了以国共合作为核心的最广泛的抗日民族统一战线。中国的抗战大业能否坚持下去，坚持到最后取得完全的胜利，也有赖于抗日民族统一战线的巩固和发展，首先是有赖于国共合作局面的维持。如果国民党和它的蒋介石政府中途退出和破坏了抗日民族统一战线，并且同日本帝国主义妥协、媾和，则中国的抗战大业必将遭到致命的打击。没有国民党政府及其数百万军队参加的抗日战争，要想取得完全的胜利是不可想象的。因此，中国共产党人和一切爱国的民主派别，从抗战一开始就十分关注和警惕国民党政府对日本侵略者的种种动摇、妥协乃至投降的动向。特别是在国民党的第二号人物汪精卫脱离重庆公开叛国投敌之后，人们对蒋介石政府的对日政策走向就更加关注和警惕了。与此同时，在国际上也一直存在着一股暗流，英、美、法等国家为了自身的狭隘利益，企图用牺牲中国的办法来和日本做交易。他们想以召开国际会议的方式来诱使日本和蒋介石政府妥协。潘汉年在1939年下半年就不断把这个正在酝酿中的“远东慕尼黑”阴谋活动的情况向延安总部报告。中共中央对此十分重视。1940年1月，中共中央及时向全党发出了“克服投降危险，力争时局好转”的指示。后来，潘汉年又不断向中共中央发出有关这方面的重要情报，包括日本外相有田和英国驻日本大使克莱琪在东京进行秘密谈判，英国对日本做了重大让步；美国国务卿赫尔和日本驻美大使野村开始勾搭；日本提出要开放长江，开放华北，让日本在海南岛驻军；美国则透露：只要能够拆散德、意、日三国同盟，美将对日作出让步。1941年5月，潘汉年还向延安特别报告了英国外交大臣艾登和国民党驻英大使郭泰琪、日本驻英大使重光葵在伦敦曾商妥一个所谓的和平方案，由郭带到美国去协商的情况。这一情报引起了中共中央的高度重视。毛泽东于5月25日亲自为中共中央写了一个党内指示《揭破远东慕尼黑的阴谋》，强调指出：“日美妥协，牺牲中国，造成反共、反苏局面的东方慕尼黑阴谋正在美日蒋之间酝酿着，我们必须揭穿它、反对它。”正是由于中共通过各种渠道不断揭露了英美和日本之间，以及日本与蒋介石之间的上述种种阴谋活动，才有力地遏制了蒋介石政府的对日妥协的企图，维护了抗日民族统一战线，也避免了中共的孤立，为坚持抗日战争的最后胜利创造了有利条件。当时，中共中央还将这些重要情报通知了苏联红军指挥部。后来，苏方通过驻延安的代表对中方提供的有关日美谈判的情报表示感谢。

二是：对苏德战争的及时警报。苏德战争的爆发是第二次世界大战中的一个非常重要的历史事件。远在这次战争爆发前的一两年间，关于这场战争是否会发生以及何时发生的问题，在苏联国内以及在国际间一直有着不同的意见和争论。自从1933年德国纳粹党头目希特勒上台执政，建立起第三帝国之后，德国就开始进行大规模的战争准备。希特勒企图通过战争强占欧洲称霸世界的野心已经昭然若揭，数年间先后侵占了奥地利、捷克等大片领土。到1939年上半年，希特勒觉得他的战争准备已经相当充分，遂于1939年9月1日公开发表战争演说，并于当日向波兰发起攻击。两天之后，英国和法国在无可奈何的情况下向德国宣战，欧洲上空顿时战云密布，烽火连天，第二次世界大战由此正式拉开序幕。希特勒的智囊们当然知道用兵的常识最忌分散兵力四面出击，集中力量各个击破才是取得战争胜利的有效途径。为了麻痹苏联，他们在挑起西欧大战前夕，即1939年8月23日，在莫斯科和苏联签订了《苏德互不侵犯条约》，条约规定缔约双方互不使用武力，不参加直接或间接反对缔约国另一方的国家集团，同时还故作友好状地声称双方将“密切接触，交换情报”。苏联方面对于好战的帝国主义本质也并非没有认识，20年前苏维埃社会主义共和国刚诞生不久，包括德国在内的帝国主义就曾经联合起来企图将她扼杀在摇篮里的历史经验，他们并没有完全忘记。但是，苏联领导人当时确实不愿意，甚至可以说是有些害怕被卷入战争。其原因主要有二：其一，苏联虽然经过十多年的经济恢复和发展，但由于建设时间还不是很长，加上内部的政治斗争，肃反严重扩大化等人为因素的消极影响，使苏联的国力还不够强大。现代战争是对综合国力的严峻考验，苏联深感自己应战准备还不充分，所以，不希望卷入战争；其二，苏联国土辽阔，战线太长，不仅在西线面临着德国法西斯的战争威胁，在东线还有一个同德国一样的日本帝国主义正在虎视眈眈地大兵压境。虽然中国的抗日战争对苏联远东地区的安全起到了缓冲作用（苏联援助中国抗日的战略意图正在于此）。但日本侵略军既已占领了进攻苏联的跳板——中国东北的地区，日本是否会继续北上进犯苏联领土，实在不能不使苏联当局忧心忡忡。资源匮乏的日本一向觊觎苏联远东地区的丰富资源早已人所共知。苏联不能不在远东地区部署足够的兵力以防范日本的进攻。为了避免东西线同时发生战争，苏联领导人便积极推动签订《苏德互不侵犯条约》。希望这一纸条文能够避免苏联陷入腹背受敌的困境。苏联领导人当时警惕日本远胜于德国。他们把总共240万正规国防军的100万部署在东线准备对付日本，而在西线仅部署70万准备对付德国。这个数字是远远低于德军兵力的。

然而历史的进程并未按照苏联领导人的一厢情愿发展。德国法西斯在同英、法等国酣战的同时，已在秘密地制订进攻苏联的所谓“红胡子”计划。希特勒之所以一心要把苏联吃掉，不仅是意识形态方面对社会主义苏联的固有仇视，而且是从战略考虑，认为不把苏联打垮，就不能真正占领和统治全欧洲。因此，在欧洲战场上德军不断取得进展，法国宣告战败后，希特勒进攻苏联的计划便加快了实施的步伐。到1941年的春天，这一计划就被提上了实施的日程。希特勒不仅在国内加紧进行对苏联战争的准备，而且秘密派遣使者到日本活动，意在拉拢日本配合德国同时进攻苏联。

希特勒进攻苏联的计划虽然是在极其秘密的情况下制订的，但世上没有不透风的墙。直接为战争服务的各国情报机关早就千方百计地在刺探这一计划的基本内容以及实施的细节，包括实施的具体日程表在内。在所有努力搜寻希特勒德国准备进攻苏联的情报机关中，苏联自己的情报机关其实是最早获得这项情报的。它的著名的情报人员里夏德·佐尔格在刺探这项情报的工作中表现最为出色，功勋也最卓著。这位出生在苏联而又有着德国血统和德国国籍的苏共党员，20世纪20年代加入了苏联情报机关工作，30年代初曾经在中国的上海主持第三国际远东情报局的工作。1932年被派往日本，公开职业是德国报纸驻东京的记者，实际上他却利用有利的身份打入了在东京的德国人的圈子内，刺探各种有关德国和日本方面的情报不断向苏联情报机关输送。1941年3月，即在苏德战争爆发前三个月，他就向苏联情报机关提供了一份德国外长里宾特洛甫的一封电报复印件，其中透露了德国拟于6月进攻苏联的信息。并确切预报德军入侵的时间在6月22日。5月20日，他又向苏联情报机关提供情报说，希特勒已下令第九军团进入战备状态。这两份情报事实上已经把苏德战争即将爆发的信息准确而又及时地传递给苏联领导人了。

但很可惜，苏联的领导人，主要是斯大林却根本不相信情报机关提供的所有关于苏德战争的信息。苏联情报官员甚至莫名其妙地要在佐尔格的情报上批注“不可信”的字样。这看来不可理解其实却是事出有因的。就连当时苏联情报机关最高首脑人物贝利亚在向斯大林报告时，也采取这样的态度：“我们的情报人员报告说，希特勒正在筹划向我们发起进攻。但是我们相信您的远见卓识，战争并不会爆发。”据苏联著名作家康斯坦丁·西蒙诺夫所著的回忆录披露，他采访了许多当年的苏军高级将领，查阅了许多档案资料，得知苏德战争前夕，苏联汇集各方面传来的有关战争可能会或一定会爆发的情报资料，足以编成一本书那么厚。但就是不相信。因为所有的人都只能用斯大林一个人的脑子去思考，必须绝对相信斯大林的英明判断。因此，当希特勒于1941年6月22日凌晨突然发动对苏联的“闪电式”袭击时，苏联方面确实是准备不足措手不及的。斯大林以自己的主观意愿代替了严酷的战争现实，他不希望把欧洲的战火引向苏联的国土。他害怕腹背受敌同时要对付德日两个已经武装到牙齿的强大帝国。他甚至害怕苏联的积极备战会刺激德国，给希特勒制造战争的借口。因此，他一直不允许苏联军方采取积极有效的措施，不断撤换一些他认为不听话的军事领导人，这反而削弱了战备工作。

据说，真正引起斯大林和苏联领导重视的是在苏德战争爆发前夕从中国延安发往莫斯科的有关苏德战争即将爆发的情报。

延安关于苏德战争即将爆发的情报，主要来源于香港和重庆两地的中共情报据点。其实关于德国可能要进攻苏联的问题从1940年的夏天英国在敦刻尔克被德军击败后，国际国内的许多政治家、军事家以及新闻媒体就都在进行分析、预测。不同国家和持不同观点的人们在分析这一问题时又都或多或少地掺杂着某种自己的理解和期待。很多人认为希特勒的法西斯主义和苏联的社会主义势不两立，迟早会不惜代价冒险进攻苏联的。而苏联不仅疆土辽阔，人力物力资源雄厚，又有高度集中的政治制度和军事指挥系统，一旦参战，必将大大增强世界反法西斯的力量，有助于正在抗击德意日法西斯侵略的各国人民民族战争取得胜利。中共领导人周恩来1940年夏天在重庆的一次讲演中就曾这样分析说希特勒有可能冲昏头脑进攻苏联，因为他认为只有搞掉苏联，英国才会失去指望，最后投降。所以，苏联参战的时间不会太远，法西斯得意的时间不会太久。周恩来的这一观点在当时各国的进步人士中也是具有代表性的。

到1941年春天，关于德国可能要进攻苏联的问题已经不再是一种分析和预测，而是一种广泛的国际传闻了。尤其是到了5月间，传闻已经变成了确确实实的情报在被各情报机构重视和传递。就连德国进攻苏联的具体时间以及原定的时间被推迟一个星期（原定6月15日推迟到6月22日）这样极具机密性的情报也都被泄露了出来。这一战争具体日程安排的绝密情报究竟是怎样被泄露的，至今仍未见到权威的揭示。但在当时。唯其预报进攻时间十分具体，反而引起了不少人怀疑其可信的程度。因为无论在军事战场上还是在情报战场上，虚虚实实、真真假假，原是常有的情况。故意制造假情报以迷惑对方，有意误传误导以转移对方的视线，甚至作出错误的部署也是屡有所见的。这就需要情报人员和情报部门的领导者作出审慎的判断。因为一份假情报，就像蒋干盗书那样所造成的后果往往也是很严重的。不仅有可能导致决策机关的失误因而付出沉重代价，而且会使情报机关本身的信誉蒙受巨大损失。情报人员尤其是情报部门的领导者在遇着这类传说纷纭、真假难辨而又十分重要的情报时，既要有高度智慧进行分析鉴别，又必须有高度胆识作出及时判断，鲁莽行事和贻误时机都是难以弥补的重大过失。这往往是对一个情报工作者能力与品格的重要检验。

从重庆发往延安的关于苏德战争即将发生的情报，主要是由中共秘密党员阎宝航通过和驻华使团的各类外交人员的深入接触所获得的。阎宝航早年留学英国，擅长交际，英语、德语都好，在外交使团的圈子内有许多朋友，当他获悉希特勒即将发动对苏战争，实施所谓“红胡子”计划时，立即将这一情况向在重庆的中共南方局领导人周恩来如实报告。周恩来根据自己对国际形势和战争规律的一贯认识与理解，以及对阎宝航的信任，迅速做出判断，认为这一情报是真实可信的。于是立即向延安发电报将此情报报告中共中央，中共中央及时向苏联作了通报。

其实在此之前，在香港主持敌后情报工作的潘汉年就已经从自己的情报网络中陆续收到了若干有关苏德战争可能要爆发的情报信息。只是这些信息最初还都是比较零碎不很确定，带有分析预测性的。但是到了6月初，苏德战争的传闻已经越来越多，苏德战争可能即将爆发的形势已经日渐明朗时，潘汉年从一位留港要人的口中获悉美国方面已经作出估计：苏德战争即将爆发。于是当机立断，于6月13日向延安总部专门发出了一份“德苏战争一触即发”的情报。这份提前发出的战略情报，也在6月20日被及时地转告了苏联方面。

苏联方面对于中国共产党向他们提供的情报还是比较重视的。斯大林相信中共情报机关和中共的领导人在如此重大的国际问题上是不会轻率从事的。可惜这时距离情报预报的德军进攻的时间太短了，只有不到两天时间了。但斯大林还是果断发出了军事命令：告知德军可能在22日到23日对苏联实施突然袭击，要求列宁格勒军区、波罗的海军区、基辅特别军区、敖德萨军区立即作出应战的准备。虽然下达这一命令为时已经太晚，应战准备过于仓促，但到底赢得了24小时的准备时间，从而减少了因遭突然袭击而造成的损失。

1941年6月22日凌晨4时，德国果然如期向苏军发起了闪电式的攻势。沸沸扬扬，传闻已久的德国即将进攻苏联的情报终于得到了证实。周恩来和中央情报机关至此也多少松了一口气。须知中共在向苏联一再发出苏德战争即将爆发的警报时，也是承担着很大风险的，无论是潘汉年的情报还是阎宝航的情报，万一判断有误，德军并未进攻，反而促使苏军盲目改变东西线的兵力部署，使东线兵力削弱给日本侵略者的进犯以可乘之机，进而造成苏联在远东地区的溃败，那又怎么向历史作出交代呢？

后来，延安终于收到了斯大林给中共中央和毛泽东的一份回电：

“……由于中国的情报及时，所以苏联红军提前准备了24小时……”

斯大林似乎没有认错的习惯。24小时的准备时间是太短了，但有准备总比没有准备好一些。中共情报机关所作出努力毕竟发挥了一定的作用，功不可没。

三是：太平洋战争爆发前关于日军究竟是南进还是北进的战略情报。苏德战争爆发后，所谓远东慕尼黑活动的下一个焦点，就是日军的下一步战略行动：是北进配合德军夹击苏联，以占领和掠夺苏联大片远东地区的资源，同时实现反苏反共的政治目标呢，还是南进和美英作战，以占领东南亚和南太平洋大片地区，打通海上通道以保证日本所急需的资源输入？这无疑是一个重大的战略抉择。日本国内上至天皇、内阁，下至陆海空各个兵种，都存在着不同的意见争执。这实际上是一场巨大的战争赌博：南进还是北进，不仅对日本的历史和未来将产生重大影响，而且对中国、苏联等国的历史和未来也将产生难以估量的后果。

西方大国当然是希望日本北进，以达到他们的一石二鸟和坐收渔人之利的目的。苏联是非常不愿意看到日本北进的局面。如果日军大举进攻苏联，苏联必将面临东西两条战线同时作战腹背受敌的困境。对付一个希特勒的法西斯德国已经使苏联受到了空前沉重的压力，如果再加上一个日本法西斯的强敌入侵，就无异于雪上加霜，其后果不堪设想。中国当时是一分为二。国民党政府一直就希望和日本妥协求和，日军一旦要分兵南进或北进，就会减轻对中国正面战场的压力，就将有助于日蒋之间的妥协媾和。因此，国民党政府也一直密切关注着日军南进或北进的动向。中国共产党人对日本人的战略选择究竟是南进还是北进，其实是更加关心的。中国最不愿看到的就是日军北进攻打苏联。这不仅是因为中共和苏联在长远利益和意识形态上的一致，更重要的是苏联一旦受德日两国的夹击，必将陷入十分危困的境地，中共也将失去作为战略大后方苏联的支持。国民党政府就会乘机向中共施加军事压力，置中共于孤立无援，甚至没有退路的危险境地。因此，延安高层当时几乎是处于十分焦灼的状态。

就是在这样的背景下，潘汉年情报系统从德苏战争爆发后，就一直密切关注着日本的军事战略动向，将努力从各个渠道搜集到的有关日本战略动态的信息不断向延安报告。有关部门保存的历史档案资料表明，从1941年7月到10月间，潘汉年向延安发出的有关这方面的重要情报包括：（1）从华中日军参谋部获悉，德苏战争爆发后日本天皇召开御前会议时，天皇表示北进对苏作战不能鲁莽从事，需等待时机。（2）从日本驻上海领事馆获悉，德苏战争爆发后，如果美国坚持现行的对日禁运政策，日本将被迫作战，先占领荷属印尼，再占领菲律宾的马尼拉。日美战争必不可免，日将抢在美国行动之前先发制人。（3）日本海军系统人物和近卫首相都主张利用美国对日本的妥协倾向，先占领安南、再占领缅甸，切断其交通要道，然后再准备进攻苏联；而陆军系统和一些财阀则主张先北进攻苏。(4) 7月，近卫内阁将主张北进的松冈排除出内阁，将有南进之军事动作。(5) 9月，从日方要员处获悉，日本已准备对泰国有所行动，在华日军已抽调一部分南下。(6) 9月，获悉日本御前会议已通过《帝国国策实施纲要》，决心一面谈判，一面加紧备战，以10月上旬为期限，完成对美作战的一切准备。(7) 10月18日，东条内阁组成，加紧对美作战准备，同时继续与美国谈判，迷惑美国。

所有上述关于日本在德苏战争爆发后的战略主导思想是南进而不是北进的情报，对于延安中共决策机构和领导人来说都是至关重要的信息。这些重要信息当时也通报给了苏联，苏联也正是在获得这类重要情报信息的基础上，才敢于下决心从东线防御部队中抽调兵力来支援西线，参加保卫莫斯科的战役。历史事实很快证明了潘汉年所提供情报的正确性。他的情报系统在搜集和提供战略情报方面，是建立了特殊功勋的。

第十四章　香港沦陷　借助敌手实施撤退计划

苏德战争爆发后，世界各国，首先是中国和苏联等国家的关注焦点就是日本帝国主义的动向如何。日本侵略军入侵中国已达四年之久，占领了中国东部和中部的很大一部分领土。但它同时已深深地陷入了中国的持久战和人民战争的泥潭。它既不能一口把庞大的中国侵吞吃掉，又无法从中国的泥潭中摆脱深陷的困境。与此同时，日本国内的矛盾却日益加剧和尖锐。资源的短缺已经使日本的战争机器难以继续高效运转，它所储存的汽油仅够一年使用，并且已经失去了来源（美国从1940年8月起就对日采取禁运措施）。在这种情况下，日本不愿放弃它的侵略扩张政策，为了摆脱资源的危机，就只有继续扩大战争，寻求新的资源供给。于是，一直存在于日本统治阶级内部的所谓“北进派”和“南进派”的分歧与争论又重新激化起来。

“北进派”主张对苏作战，以占领苏联远东大片土地，掠夺那里的丰富资源。1941年6月22日，德军在西线向苏联发起攻击后，“北进派”的军政大员一片欢呼。认为这是发动对苏联战争夺取西伯利亚的大好时机。日本外相松冈积极鼓动天皇下决心“北进”。6月30日，德国再次要求日本出兵远东和德军一起夹击苏联，以达到消灭苏联的目的。

但是“南进派”坚持认为，“北进”的战略是不可取的。因为对苏作战，主要靠陆军兵力。而日本陆军将近三分之二已深陷中国领土而难以自拔。如进攻苏联即使把关东军全部用上，也不过70万人左右，而苏军远东地区的兵力是一直保持着100万左右的。他们担心，一旦对苏作战，即使取得一定进展，日军又将陷入另一个大泥潭而且削弱了在中国的兵力，其后果也不堪设想。因此，日本驻中国的派遣军司令畑俊六大将一听说日军要进攻苏联，立即向东条首相提出反对意见。“南进派”主张向东南亚的地区进军以解决石油等资源。南洋地区多岛屿，战争主要靠海空军，尤其是海军，而日本的海军自恃强大无比，自发动战争以来似乎还没有充分的“用武”之地，因而一直跃跃欲试。他们积极鼓动天皇下决心“南进”，并最终取得了胜利：1941年7月2日日本天皇主持召开的“御前会议”上终于作出了不惜与英美开战也要进攻越南的决定。8月9日，日军大本营最终放弃了进攻苏联的计划，同时答复德国，解释不能出兵进攻苏联的原因。

1941年12月8日（美国当地时间为12月7日）日军偷袭珍珠港美国海军基地，宣告了太平洋战争的爆发。美国正式参战，使第二次世界大战升级为全球性的两大集团的军事对抗：德、意、日法西斯结成了战争同盟，而美、英、法、苏、中等国形成了反法西斯的军事同盟。日军在偷袭珍珠港的同时，全面展开了"南进"战略。向东南亚和南洋诸岛发动军事进攻。香港这块英属殖民地首当其冲，战火迅速弥漫到了这个弹丸之地。由于英国在香港几乎没有什么真正的军事设防，在日本强大攻势下，港督不得不在12月下旬宣告投降，日军完全占领了香港。由于日本法西斯是以反共为其重要目标之一，在港的中共人士以及一大批进步的朋友不得不匆忙撤出香港向内地转移。

珍珠港事变前夕，潘汉年正在上海活动。太平洋战争全面爆发，香港卷入战火之后，潘汉年已无法返回香港直接部署他所属的情报系统的撤退转移和工作安排问题。由于情报工作仍必须以敌后为重点，他的情报班子不可能像在港的其他那些人士一样一起撤退到内地了事。他也不能把自己所属的摊子人马及其今后的工作部署问题完全推给在港的廖承志。事实上当时廖承志在港主持撤退工作是十分紧张而且仓促的。许多情况无法预料，一些难题也无法妥善解决。他在部署许多重要人士穿越九龙山区向东江根据地撤退时，是冒着很大风险的。据夏衍说，廖承志在部署撤退时，曾要求大家要做好意外的思想准备，遇到危急情况时每个人就独自采取适当的措施。潘汉年人在上海，心系香港，他估计到了在香港同志的种种困难，便当机立断，决定继续"以夷制夷"，借日本人之手解决自己的难题。他首先将在香港的情报力量一分为二，一部分撤到内地，一部分转移到上海的计划向延安总部报告，得到延安总部的同意后，他立即亲自去找岩井商量。

潘汉年说："岩井先生，香港现在已由日军占领。我在港的一批情报干部现在已经无法继续活动了。我打算把他们撤出来，一部分去内地，继续帮助我搜集那边的情报，一部分转到上海来帮助我们搞'和平运动'。我希望你能够赞成我的这个计划。"

岩井说："胡先生，你的这个计划我可以考虑。让我先向香港方面了解一下情况再做决定好吗？”

几天之后，岩井便约见潘汉年。

岩井说：“我们已经接到驻香港领事馆的报告，说小泉先生和陈曼云女士的联系已因战事而中断。希望上海方面派人去帮助恢复和陈曼云的联系。我想，你可以派人去香港按你的计划部署撤退和转移了。”

潘汉年说：“我很高兴岩井先生对我的计划的支持。我准备派叶文津先生去香港执行我的计划。最好再请你通知一下香港领事馆给予帮助，以免发生安全问题。”

岩井说：“这可以的。叶文津先生可以从我们总领事馆拿一封介绍信去和我们香港领事馆接洽。我同时还准备派一名助手同叶先生一起去香港协助办理你们的撤退事项。”

潘汉年说：“那就更好了。我希望我们的继续合作能够取得更多的成绩。”

几天之后，叶文津便拿着潘汉年给张唯一的一封亲笔信和岩井派出的领事馆工作人员德田一起离开上海前往香港。

到达香港后，德田去香港领事馆转达了岩井的指示。叶文津则找到了陈曼云，将潘汉年给张唯一的信，还有一份潘汉年让刘人寿编好的密码，一起交给了陈曼云。那信的内容是说明此次撤退和转移的必要性以及有关人员一分为二的具体安排意见。那密码是供撤退到内地去的情报班子今后和上海情报据点联系用的。张唯一在见到潘汉年的亲笔信之后，随即和几位主要干部商量决定，迅即按潘汉年的指示意见执行。

由于得到了日本驻香港领事馆的帮助，潘汉年在香港的一班情报人员撤退和转移的计划很快就顺利落实了：张唯一带领几位干部和叶文津一起转移到了上海，陈曼云等另外几位干部在一位情报骨干的带领下撤退到了内地。

不久，转移到上海的情报班子便开始了新的运作。转移到了内地的一拨人也和上海联系上了。通过无线电电波，潘汉年系统的情报网络又继续运转起来。

第十五章　重心转移　进一步开展汉奸上层工作

香港沦陷后，潘汉年的情报工作重心就完全转移到了上海。上海毕竟不是香港，尤其不像沦陷前的香港那样具有非常特殊的政治活动空间，以及由此所产生的种种从事政治活动的方便条件。这时候的上海，已经完全成了日本人和汉奸的天下，曾经被称为“孤岛天堂”的租界地区这时也不存在了。潘汉年在上海曾经工作与生活了许多年，他认识的和知道他的人都不少，而且其间有不少时间（如左联时期和进行国共谈判，从事抗战工作期间）他的身份是公开或半公开的。他的中共要人的政治身份几乎众所周知。他现在要以上海为基地，从事情报活动，积极开展工作，就不能不格外地考虑到自身的安全问题。在日伪的军、警、宪、特密如蛛网，随时有可能遇到麻烦的情况下，潘汉年决定继续利用岩井英一的关系作掩护，以避免发生意外。于是，他在会见岩井时，向岩井提出：他现在已经到上海来定居了，但他仍将和袁殊合作，继续为“岩井公馆”搜集中国内地和大后方的情报。他希望岩井能为他的人身安全提供必要的保证，以免被下面的人误会而发生意外。

岩井经过两年和潘汉年的交往，已经清楚潘汉年的特殊身份和他的不寻常的活动能量。他知道潘汉年在内地的情报班子和在上海的情报干部必将继续发挥作用，因此，他当即答复说：“我们欢迎胡先生继续和我们合作。就请胡先生给我们拟一份在上海开展工作的计划，我们仍将在经费上给予必要的支持。至于胡先生的安全问题，我们可以为你办一个特别证件，就不致引起麻烦了。”潘汉年当即表示同意。

第二天，潘汉年便拿到了一张由日本驻上海总领事馆签发的特别证件。上面明确写着：凡日本军、宪、警如对持证件人有所查询，请先与日本总领事馆联系。这就等于是一张“护身符”了。岩井还以自己的名义在汇中饭店开了一个房间供潘汉年使用。这无疑又为潘提供了一个既安全又方便的活动条件。

潘汉年当然也如约写了一份他将如何开展工作的计划交给岩井。此后，他就坐镇上海，继续指导和指挥他的情报系统，搜集国际国内，首先是将日伪方面的各类情报源源不断地向延安总部报告。同时，他也要定期让一位情报干部将主要是从延安广播电台广播的和从根据地报纸上抄来的一些有关内地的情况拼凑起来，以胡越明的名义交给岩井公馆。以实现对岩井的许诺。

这期间，潘汉年的主要精力除了继续和岩井英一周旋外，已经逐渐地把重点放在了对付汉奸的工作方面，首先是在进一步利用李士群方面作出一些新的努力。他在香港时，只是偶尔来上海作短期逗留，对于上海的某些重要工作对象，只能采取间接的方式开展工作。对于李士群的工作，他主要是通过吴成方联系关露去做。1941年关露撤离李士群那里之后，他又通过袁殊去和李士群取得联系。现在，他既然已经把工作重心放到了上海，对李士群这样重要汉奸头目就不能只满足于一般性的联系和获得一般性的情报。这时李士群在汪伪政权中已先后占据了警政部长和江苏省省长的高位，同时仍牢牢控制着“76”号特工总部。潘汉年认为，应该进一步利用李士群在汉奸内部与周佛海等人的尖锐矛盾，利用他要为自己留一条退路的投机心理，加强对他的争取和策反工作。尽可能做好李士群的工作，对于中共在上海的情报系统以及地下党的活动安全问题都是有利的，同时可以在情报方面取得更大一点的收获。欲达此目的，间接的依靠一般情报干部去和李士群联系就不够了，需要在更高的层次上对李工作。他应该亲自出马直接和李士群打交道，尽可能取得更多的成效。他当然知道，在情报战场上投入愈大，风险也愈大。和李士群这样反复无常的政治投机人物打交道，其中也包含着许多未知数。但他绝不会因此却步不前。

岩井英一在运用胡越明（潘汉年）的问题上是颇费一番心思的。他很看重潘汉年的能量，知道潘汉年有强有力的情报班子，通过潘汉年所得到的有关中国内地以及蒋介石政府和英美等国关系的情报，对于他在外务省系统工作的业绩而言是至关重要的，将直接影响到他在外交界和情报界的地位与前途。因此他一直不愿意放弃这条重要情报渠道，但他同时也知道潘汉年的实际政治身份和潘汉年同他合作的真正意图，他因此也就知道同潘往来合作的风险。在日本军界、政界派系林立，矛盾重重的背景下，稍有不慎便会授人以柄，甚至会给他加上一个通共或受共党间谍利用的罪名。为了防止出现这样的后果，他便将和“胡越明”往来合作的情况有保留地向日本在华最高情报首脑影佐祯昭作了报告，并且在潘汉年从香港转移到上海之后，引荐潘汉年和影佐见一次面。

潘汉年既然已经以胡越明的身份（一位主张中日亲善和平，同时反蒋的民主进步人士）和岩井合作搞情报活动。当然也不便拒绝和岩井的间接上司影佐见面。于是，经岩井安排，影佐在“六三花园”以请客吃饭的名义和潘汉年见了面。这种见面是礼仪重于实际的，因为具体问题无须在这种场合谈。彼此只是泛泛地说些符合自己身份的客套话而已。岩井和袁殊也都在座，使会见更显轻松自然。不过在会见影佐时，潘汉年又利用这个场合向影佐提出了一个要求：他想和李士群见见面，理由是过去他们相识，现在又都在从事中日亲善和平运动，今后可以互相联系以增进了解。影佐当即表示可以。这样，潘汉年就把对李士群的秘密争取和策反工作在形式上合法化了。这可以减轻李士群的心理压力，也使自己的行动获得了更多的安全保障。

在会见李士群之前，潘汉年又和中共江苏省委书记刘晓共同研究了李士群近年来的情况，以便知己知彼、工作更具有针对性。他们认为由于李士群在汪伪内部树敌过多，特别是与周佛海的矛盾更趋尖锐，因而目前的处境相当微妙：一面要继续在日本人和汪精卫面前积极争取信任和支持，一面又在悄悄地为自己留着退路、后路。除了和中共方面已经沟通了联系渠道，并且在实际行动上不再过分打压中共在上海的地下活动以及其他进步人士的活动外，和重庆方面也在暗中达成了某种默契，他利用破获的“军统”电台密码给戴笠打电报表示：今后不再捕杀渝方人员，以求彼此谅解。重庆派驻上海的内线人物唐生明和李士群之间也已往来频繁。这时候，中共采取步骤加强对李士群的工作正是恰当时机。

经过袁殊从中联系，李士群也表示愿意和潘汉年会见。会见地点就约定在愚园路李士群的公馆里。这是1942年年初的事。一天傍晚，潘汉年由袁殊陪同按约乘车到了李士群公馆，李士群已派其助手胡均鹤在门口迎接。

这次会见，其实并没有什么实质性的急迫问题需要解决。因为两年多前就已经由关露把双方的关系接上了。现在无非是要在更高的层面上建立联系渠道，试探性地讨论一下今后继续合作的前景。在礼节性地寒暄叙旧（他和潘汉年过去是相识的）之后，李士群即对潘汉年表示：中共和新四军方面有什么需要他帮助的，他将尽力。同时又对潘汉年说：希望你们对我也多加帮助。潘汉年当即回答李士群说：我们欢迎你的这一态度。随后，他们商定：今后他们之间的联系，潘汉年仍将通过袁殊，李士群则委派他的助手，现任特工总部副厅长兼江苏实验区区长胡均鹤负责。

这次会见时，除袁殊和胡均鹤陪同外，在场的还有李士群的老婆叶吉卿。这位叶吉卿也是个不简单的人物。她在李士群的政治生涯中一直扮演着内助和高参的角色。李士群第二次被国民党特工机关逮捕后，她变卖了自己的大量珍藏到南京各处打点，凭着她的积极奔走呼吁（据说也包括女色），最后才将李救出。李后来出任汉奸高职时，对叶仍十分倚重，往往是言听计从。李士群被日伪谋害致死后，叶吉卿又曾为其丈夫的死因而同汪伪当局闹腾了很久。抗战胜利后，叶以汉奸同谋罪入狱，直到解放后仍长期被关押于青海的监狱中，直至老死。此人晚年唯一的作用，就是作为历史知情人成为诸多外调人员反复提审的对象。

隔了一段时间后，李士群又主动邀潘汉年在上海愚园路公馆见面。这时李士群正主持江苏地区的“清乡”工作，所谓“清乡”就是日伪军队和地方汉奸政权相结合对其占领区逐一进行清理，目的在于清除一切抗日力量的存在，以维护日伪统治的安全。这个罪恶目的虽然不可能完全达到，但也确实使各地的抗日力量受到了不少损失，更给当地的老百姓造成了许多灾难。日伪军暴虐成性，一下乡就闹得鸡犬不宁。李士群此次会见潘汉年，有意识地向潘汉年透露了下一步“清乡”行动的某些计划，并且告知日伪军即将在苏北地区有所谓“扫荡”行动，希望新四军及其地方政权能有所准备。潘汉年对此表示了谢意。在会见结束时，李士群又将一本伪储备银行的支票簿送到潘汉年面前，说潘随时可以取用，以表示他对潘在上海活动的经济支持。潘汉年当即婉言谢绝。李士群执意表示这是他希望和潘合作的一片心意。潘汉年为不使对方难堪而造成拒人于千里之外的印象，就暂时接受了下来，但他又表示绝不会动用的。这本支票簿最终成了废纸。

会见李士群后，潘汉年及时将有关日伪“清乡”和“扫荡”计划的最新情报发往新四军和根据地的领导机构，为他们的反“清乡”和反“扫荡”斗争赢得了宝贵的准备时间。在此之前，袁殊经潘汉年同意，进入了“清乡”的领导机构，即所谓“清乡委员会”。这个委员会主任委员由汪精卫亲自担任，陈公博、周佛海担任了副主任委员，李士群则是委员会秘书长。袁殊被委派担任了委员会下属的政治工作团团长。当袁殊问潘汉年是否接受此职务时，潘表示可以接受，但同时明确指示了三条工作原则：一、政治工作团不能做危害人民的坏事。二、注意搜集有关清乡的情报。三、对被捕被俘的地方抗日干部要尽量保护或营救。这三条，袁殊在后来的实际工作过程中基本上是兑现了。

第十六章　选贤任能　刺探日、蒋、汪暗中勾结内幕

1942年，中国的抗日战争进入了最为艰苦的一年。发动了太平洋战争之后的日本侵略军大举南进东南亚地区后，在中国战场上的日军和蒋介石政府的军队在正面战场上大抵已经形成不进不退的胶着状态。日本人已把更多的注意力投入对付华北、华中和东南敌后地区的共产党的武装力量。八路军和新四军因此而承受着更大的军事压力。日本人为了摆脱已经深陷在中国的泥潭，更加积极地策划幕后活动，争取蒋介石政府的妥协，促使蒋汪合流，以结束他们的战线过长，物资匮乏，兵源不足等被动局面，而蒋介石也早就打定了主意，只要时机成熟，条件合适就准备与日方妥协媾和，以便腾出手来反共。在积极反共这一点上，日、蒋、汪其实早就是心照不宣。

面对上述严峻的形势，中共除了加强自身的军队和政权建设，壮大自己的力量以抗击日本人的军事“扫荡”压力外，在政治谋略上的一个重要任务，就是要维护国共合作，维护抗日民族统一战线，努力阻止日、蒋之间的妥协。其中很重要的一点，就是要设法搞到日蒋之间秘密妥协活动的情报，以便及时而有效地采取对应措施，包括不断向国人揭露日蒋之间秘密妥协活动的内幕，形成舆论压力，使蒋介石不敢轻易采取妥协行动。

延安中枢机关向情报系统发出了努力搜集日蒋之间幕后交易活动情报的指示。在敌后担负情报主管重任的潘汉年责无旁贷地迅速采取了行动。他找“老太爷”张唯一共同研究了如何完成中枢机关指示的任务，认为最好能够选派一位非常合适的人物直接参加到日蒋之间的幕后交易活动中去，就是那句被哲人奉为经典的老话：“不入虎穴，焉得虎子。”然而这样“非常合适”的人选又是非常难以物色的。政治倾向偏左的不行，社会地位声望低的不行，和日蒋之间没有瓜葛的也不行，不肯真心为抗日做贡献和牺牲的更不行。想来想去，潘汉年终于决定还是去求助于当时正在上海赋闲的可以归类于社会贤达的国民党元老派人物之一的任庵先生。

潘汉年认识任庵的时间不久，谈不上深交。但任庵和潘汉年的助手之一张建良却有着不寻常的友谊，亦可谓生死之交。张建良（华克之）在过去的反

蒋斗争中曾经得到过这位具有强烈正义感的任老先生的多次帮助，并且不避风险肝胆相照，是一位完全可以信赖的朋友。任庵虽已脱离政界多年，但在政界却有许多故旧袍泽。政界的许多权贵又曾经是任庵先父的门生弟子。因而他在上层社会依然受到尊重。抗战开始后，他没有迁居内地，但留在上海也一直以经营文物古玩为业，和敌伪保持距离，依然是名士的清高本色。潘汉年深知任庵对民族抗战大业是衷心拥护，对于坚决抗战反对妥协投降的中共是同情的。如果能够动员这位老先生介入日蒋之间的秘密妥协交易活动中去，必将能够从中获悉很多重要机密情报。于是在和张唯一充分研究了之后，潘汉年便找到张建良，要他从中搭桥，请任庵出山担以重任，帮助中共搜集有关情报。

张建良这时早已从一名反蒋义士成为一名忠诚的共产党员，对于党所提出的任务和要求，一向是坚决执行，从不退缩的。但当潘汉年向他提出这一任务时，却深感为难。他对潘汉年说：

"任庵先生一向看重名士清名，不愿卷入官场。现在要他去和官僚政客，甚至与汉奸为伍应酬往来，不仅他老先生不会答应，我作为他的至交好友也不忍心去劝说他。"

潘汉年："我们做事要为大局着想，现在坚持抗战到底是我们全民族事业的大局。我们只有深入到日蒋内幕活动中去，才可能得到我们所想得到的情报。党中央十分需要这方面的消息，我们能不尽一切努力，采取一切必要的办法得到吗？至于任庵先生的清名，将来胜利后我们发表一个声明或是发表一篇文章就可以说清楚了。这可以请任庵先生不必顾虑。"

张建良不好再说什么了。只好又问潘汉年："我们究竟要怎样才能帮助任庵先生进入日蒋秘密交易的活动中去呢？"

潘汉年说："我和张唯一同志已经研究好，我们为任庵先生已经设计了一个行动方案。"接着，潘汉年具体地讲述了这一方案的大致轮廓及其实施安排。他分析说，任庵先生过去和周佛海关系很不错。周佛海和蒋介石政府之间暗中有往来，几乎已不是秘密。"军统"就派有代表程克祥、彭寿常在周身边活动。戴笠显然是在蒋的默许或授意下才这么做的。蒋介石要通过周佛海了解日本人的动向。日本人则想通过周佛海和蒋介石拉关系从中斡旋，以求得蒋的妥协。现在蒋介石的一位亲信大将正在江西前线担任战区司令长官。此人在上海有大量经济利益，非常希望能得到现任上海市长周佛海的保护。我们现在就是想借重任庵先生来穿针引线，在周佛海和这位司令长官之间进行沟通和联络，以任庵和周佛海以及和那位司令长官之间的故旧友好关系，定能从中获取大量有关日蒋秘密交易活动的信息。具体的步骤是：先请任庵先生屈尊访问周佛海，恢复与周的友谊交往，得到周的信任和倚重后，再前往江西前线和那位司令长官接触。任庵先生只说自己不过是为朋友帮忙而已，他们也不可能知道任庵是受中共之托。他们由于彼此政治和经济利益的需要，必将通过任庵传递各自的交易筹码，这样，我们就可以从中获得所需要的情报信息了。潘汉年讲了上述方案之后，又征求张建良的意见说："以你对任庵情况的深切了解，你看我们的这一方案是否可行呢？"

张建良觉得潘汉年的上述分析以及他所提出的方案非常具体周到，很有说服力，当即表示赞同。不过，他接着又对潘汉年说："还是请你亲自出马去和任庵谈吧，这位老先生对于中共人士一向是很钦佩的。你的精辟分析，必能令他折服。我可以从旁敲敲边鼓。你看好吗？"潘汉年接受了张建良的这一提议。

在张建良的安排下，很快就由张陪同，潘汉年登门拜访了任庵先生。情况正如他们所料，任庵听了潘汉年、张建良二人的反复动员后，当即表示了忍辱负重不负使命的真诚态度。

不久，任庵访问了周佛海。周佛海自落水当汉奸以来因为许多亲朋旧友有意对他疏远而深感失落与不安。任庵这位社会声誉颇高的名士忽然来访，令周佛海简直受宠若惊，立即将任庵视为上宾和知己，并且毫不避讳地向任诉说了自己的那一套所谓曲线救国不得已而"落水"的苦衷。从此，任庵便经常出入于周公馆，直接从周的言谈中以及周妻杨淑慧（也是一位热衷参政的女人）、妻弟杨煜华的言谈中获悉了许多有用的情报信息。周佛海想进一步和重庆蒋介石拉关系的愿望也时常在任庵面前流露出来。于是有一天任庵便乘机向周佛海表示，他不久要到内地去走一趟，正在江西任战区司令的某长官也是他的故旧。他问周佛海：是否需要把他的愿望通过那位长官向重庆方面表达一下？周佛海一听此话，正中下怀。他马上拜托任庵：去江西时务请那位司令长官传递他对蒋介石的一片效忠心意。

任庵不久就离开上海辗转到了那位蒋军战区司令长官驻地江西铅山。在那里，他又成了司令长官的座上客。这位司令长官也正需要有可靠的人传话给周佛海，要求保护他原来留在上海的若干经济利益。当任庵转达了周佛海的对重庆方面表示的愿望后，果然双方各有所求，一拍即合。司令长官答应可以帮助周佛海和重庆方面进一步沟通关系。随后，这位司令长官又要求任庵充当他在上海的代表，实际上也就是代表蒋军前线战区司令部负责和上海的汉奸权贵进行暗中联系交易。任庵从江西回到上海后，俨然成了重庆方面的一位新的秘密使节，周佛海更是经常向他通报日本和汪伪方面的许多活动计划，包括日本人和蒋介石之间的秘密交易动向，等等，任庵也因此而为中共搜集到了许多内幕情报，通过张建良不断转到了中共情报机关。后来，那位司令长官果真为周佛海在蒋介石面前说项，在抗战接近胜利的前夕，正是由这位司令长官转来了蒋介石委任周佛海为“京沪保安副总司令”的命令，要周为蒋就地收编伪军以备未来反共需要。这一纸命令最先也是通过任庵传递给周佛海的。不用说延安迅速获得了这一绝密情报，很快就通过舆论予以曝光，从而使蒋汪伪之间暗中勾结的内幕大白于天下。蒋介石不得不欲盖弥彰地将周佛海当作大汉奸逮捕审判，最后又网开一面未立即判其死刑。周佛海最终于1948年病死南京狱中。

潘汉年通过张建良运用任庵深入日蒋汪暗中交易活动内幕从而获得有价值情报的事例，再次显示了他在情报战线上大胆灵活策略的完全成功。虽然若干年后，潘汉年、张建良曾为此而受到诬陷指控，但最终历史仍旧还了他们的清白。

第十七章　攻心为上　在敌占区建立秘密交通线

还在太平洋战争爆发，上海的租界被日本军队全部占领后不久，中共中央就指示处在地下的中共江苏省委领导机关，从上海向新四军根据地撤退。在省委的统一安排下，撤退工作一直按计划比较顺利地进行着。但当省委负责人之一刘长胜撤退途中经过瓜州地区时，因为带路的交通员不善于应付伪军的盘查而被扣押。后来总算因处置得当而脱离了险境，越过了封锁线。但这一情况等于给后撤者发出了警报，高级干部的撤退行动必须更妥善地安排好交通路线，否则是很危险的。

1942年9月，中央又电示仍留在上海的中共江苏省委书记刘晓和主持情报工作的潘汉年等，让他们考虑自己的撤退问题。刘晓和潘汉年经过反复商量，认为还是撤退比较好一些。他们便联名给中央复电，报告他们打算撤退的决定。中央复电同意后，刘晓又找潘汉年商量，鉴于刘长胜上次撤退的教训，这一次要撤的人员目标更大一些，更需要保证安全。刘晓建议，是否可以用李士群的关系另开辟一条交通线。潘汉年说，他去交涉试一试。于是，潘汉年又通过联络人员提出再会见一次李士群。

李士群还是在他上海的家里会见了潘汉年。潘汉年对李士群说：

“我准备到新四军根据地去一趟，同时还带有几名助手。希望你能帮助我们，为我们在路上的安全提供保证。”

李士群很痛快地回答道：

“这不成问题，今后，我要到临近新四军根据地的地区搞‘清乡’，也希望你们能够谅解。还请你们和我多交换一些情报。我们有什么消息，将由胡均鹤先生通知你们。”

根据李士群的建议，双方约定，在潘汉年到根据地去之后，互相继续用电台保持联系。事后，由胡均鹤编了一本密码送交给潘汉年带回根据地去。

李士群指定胡均鹤专程到镇江具体布置，帮助潘汉年等一行，经由镇江北上，并由特工总部设在镇江的特工站负责护送。

和李士群交涉之后，潘汉年将情况和结果通知了刘晓。他们又一起商量了具体的行动计划和步骤。

1942年11月初的一天清晨，潘汉年、刘晓、王尧山（江苏省委组织部长）以及张本、赵先一行五人，穿着考究的衣装，分乘两辆出租汽车悄悄驶向上海火车站，乘坐设备豪华的二等车厢，离开了上海。当日中午到达镇江。胡均鹤和镇江特工站站长刘毅（徐汉光）早已在车站迎候。他们下车后被安排在有名的金山饭店住下来。当天下午，还由胡均鹤、刘毅陪同游览了金山寺等名胜古迹。晚上，王尧山有点紧张地悄悄对赵先说：“今天迎接我们的那位穿西装的人。现在是特工站负责人，他是一个中央通报过的叛徒，你要当心。”第二天，潘汉年对大家说：伪方的军官要请我们吃饭。当时刘晓对于是否接受邀请有点犹豫。潘汉年向大家解释说：你们不必担心。胡均鹤和刘毅这两个汪伪军官，都曾经是共产党的干部，后来被国民党逮捕因为受不了严刑逼供而自首叛党。他们对国民党是非常恨的。现在跟着汪精卫、李士群，也知道不会有好结果。他们都想为共产党为抗日做些好事，以争取党的宽大。我们就是要利用他们的这种心理，尽力帮助他们从敌伪阵营中分化出来。我们接受他们的吃饭邀请，就会在心理上使他们感觉到共产党对他们并不排斥，这对他们的转变将会起促进作用。况且他们只知道我是共产党，并不认识你们，我在他们面前只说你们是上海的商人，跟我去新四军那里做生意的。这样一说，刘晓就表示同意了。他们一行五人应邀赴宴。席间，胡均鹤、刘毅有点拘谨，刘晓他们也不大习惯，只有潘汉年从容自如，谈笑风生。当然，谈的都是金山寺风景一类，一句带政治的话也不涉及。后来的事实也果如潘汉年所料。几年之后，在人民解放战争接近胜利的时候，胡均鹤、刘毅都脱离反动阵营而投奔革命队伍。只是，潘汉年没有料到十多年之后，当他自己被诬为“内奸”而遭厄运时，胡均鹤、刘毅的起义行动竟被说成是潘汉年对汉奸特务的包庇和勾结。胡、刘也被株连入狱。直到30多年后才随潘汉年的平反而平反。这都是后话了。

次日清晨，潘汉年等人乘一条机帆船驶往仪征，刘毅殷勤护送。下午便到达仪征县城。在仪征又住了一夜，第二天一早，刘毅找来几名挑夫，为潘汉年等人提着行李，匆匆出城赶路。出城十多华里路，便到了敌我交界的地区。他们走到一个小山岗时，已有几个根据地的儿童团在站岗放哨，认真盘问过路的人了。潘汉年笑嘻嘻地对儿童团的岗哨说：你们罗炳辉师长的客人来了，快去报信。果然有两个孩子飞快地跑回村里去，另外的孩子守在这里陪着客人。不一会儿，当地的乡长便赶来迎接他们，并招待他们吃了午饭。饭后，刘毅便带着几名挑夫回仪征去。潘汉年向他们表示了谢意，并付给挑夫们酬金。

潘汉年一行在新四军二师的防区整整步行了三天，才到达淮南根据地。中共淮南地区党委书记刘顺元亲自把潘汉年等送到上海撤退出来的干部集中地点——顾家圩子。这时，已经先期到达的刘长胜、沙文汉、刘宁一等负责人，一起跑来欢迎潘汉年、刘晓等人的归来，祝贺他们撤退的胜利。

这次撤退的顺利成功，同时为新四军根据地和敌占区之间建立起了一条新的秘密交通路线。这是潘汉年对李士群这样上层汉奸特工人物所做的争取工作的一个积极成果，也是他对胡均鹤、刘毅这样的汪伪汉奸特工人物进行分化瓦解工作的收获。后来，潘汉年的政治交通员何荦以及其他几位根据地的干部都曾利用这条秘密交通线往来于敌我管辖区之间，也没有发生过安全方面的问题。

到达根据地后，潘汉年很快就见到了新四军军长陈毅和政委兼华中局书记饶漱石。潘向这两位领导汇报了他从香港转移到上海之后一年来的工作情况，并且把李士群表示愿意和新四军联系“合作”的意见向他们作了报告。对此，陈、饶二位都给予了肯定，并且说李士群此前提供的一些有关“清乡”和“扫荡”的情报，对新四军和根据地都起了积极作用。他们认为以后还应当继续和李士群保持联系。饶漱石还将潘汉年带回的胡均鹤新编的联系密码交给分管这项工作的赖传珠和胡立教，由他们所领导的电台负责和李士群、胡均鹤联系。

不久，潘汉年被任命为华中局情报部长。中央情报部指示潘汉年依托华中局遥控指挥上海的情报工作，并委托华中局给予人力、物力的支援。根据潘汉年的建议，成立了由潘汉年、赖传珠、胡立教三人组成的情报工作委员会，统一领导指挥这方面的工作。

第十八章　事出意外　被挟持会见汪精卫

1943年春天，潘汉年是在比较平静和轻松中度过的。过去的三年多时间，他在香港和上海，在敌人的后方，在虎穴狼巢之中，在重重恶势力的包围下，总是必须睁大着警惕的眼睛，注视着周围的一切。他要随时避开陷阱，绕过荆棘，摆脱被动，化险为夷，所以思想的弦不得不常常紧绷着而不敢稍懈。自从撤退到新四军淮南根据地之后，这里物质条件虽说较差，但精神空间却自由而宽阔得多了，他不用那么紧张而又小心翼翼。他作为一位领导干部，具体的事务并不太多，在运筹帷幄之余，居然有了读书、写字、作诗、聊天，以及养花、种菜等条件。

然而这样的空闲和平静只是相对而言罢了。身负领导重任的潘汉年不能不时时关心着整个华中局所管辖的情报工作，尤其不能不关注着他直接领导的上海地区的情报据点工作。他的战友和部下——张唯一、刘人寿、张建良、董慧等一批人马仍在那里战斗着。那里是情报工作的前线，而前线工作的艰巨和危险是不言而喻的。因此，他自己虽然身处平静而轻松的根据地后方，心里却一直系着前线，系着他的那些战友和部下，包括既是战友又是热恋中的情侣董慧。

不久，即在1943年春末夏初之际，形势骤然变得有些紧张起来，有消息说，汪伪军又将有大规模的“扫荡”根据地的行动。新四军和华中局的领导因为得不到确实可靠的情报，只凭传言是无法作出准确部署的。而恰在这时，和上海之间的一条重要电讯联络却又出了故障：胡均鹤编的密码总是呼叫不上，最好能从李士群那里直接获得有关“扫荡”情报的设想难以实现。

在此困难情况下，一向不避艰难险阻的潘汉年立刻向华中局领导饶漱石请缨：他要亲自再去敌占区一趟，一是可以直接找李士群获取第一手有关“扫荡”情报，二是乘机对上海情报据点工作做一番检查部署。饶漱石很赞赏潘汉年的这种工作精神，他正急需掌握有关敌伪“扫荡”行动的情报以指导全局。潘汉年亲自出马，无疑是对他的工作的有力支持。他立即表示同意。

于是，潘汉年带上政治交通员何荦前往上海。一路上因为有安排好的交通线，相当顺利。到达上海后，潘汉年首先向坚持在那里工作的张唯一、刘人寿等人了解了这一段时间的工作情况，然后就约定和胡均鹤见面。在见到胡均鹤之后，便提出要直接和李士群见面会谈。胡均鹤说：李士群目前不在上海，而在苏州。要和李见面会谈，只有到苏州去。潘汉年想到，此次主要任务是要见李，便决定第二天就由胡均鹤陪同赶到苏州去。可是，到了苏州之后，又听李士群在苏州的家里人说，李士群已到南京去了，说有事可直接到南京去找他。这时候，潘汉年觉察到李士群此番的态度似乎有些异常，不像原先那样积极主动。他估计李士群是知道他南下的。李的手下人不可能不将消息告诉他。但李为什么不积极安排和潘汉年会见呢？究竟是偶然的繁忙，还是有意避开，或者还有什么另外的目的？潘汉年一时也判断不准，经过反复考虑之后，潘汉年决定还是应当到南京去一趟。因为此次南下的主要任务是和李士群见面，从他那里摸底。自己也正可以去南京探个究竟。于是，潘汉年便继续由胡均鹤陪同乘坐火车前往南京。

到南京之后，胡均鹤将潘汉年带到李士群的家里。李又不在家，据说是去见汪精卫了。在李家，由李士群“特工总部”的另一个头目杨杰负责接待潘汉年，他以“肖先生”的称呼向一些汉奸头目介绍潘汉年，并称他是李士群的朋友，从而使潘汉年的此次南京之行公开化了。当天晚上，由杨杰出面宴请潘汉年。饭后，送潘到一家高级旅馆休息，还派人去陪着打麻将，直闹到深夜为止。

第二天上午，李士群正式会见潘汉年。李士群不谈有关和新四军的联系问题，却首先谈了一通所谓的当前形势。他说现在日本人重视和重庆方面的联系，想依靠重庆来搞“和平运动”。接着，他就急切地对潘汉年说：

“汪先生目前心情不好。他打算搞议会政治，听说你来了，很高兴。他想和你谈谈。”

这个突然提出的问题，一下子把李士群此次由上海而苏州，由苏州而南京所预谋的目的和盘托出了。原来李士群这次是要借潘汉年这位著名的中共代表来为自己在汪精卫面前邀功的。他故意搞了个小动作，让胡均鹤把潘汉年引到南京来，并使潘的南京之行公开化，意在表明他有办法能够拉拢中共方面，来壮一下已经越来越孤立的汪精卫政权的声势，让汪精卫对他更加倚重，也让他自己在和周佛海的斗争中多获得一点筹码。

潘汉年意识到这是李士群的一个预谋，实际上是用欺骗的办法把潘汉年弄到南京来，然后突然袭击，挟持潘汉年去会见汪精卫。这简直是一种"鸿门宴"式的手腕，使潘汉年不能不格外警觉起来。

但是，潘汉年又意识到，事情既已到了这一步，断然拒绝去会见汪精卫是不明智的。如果李士群的预谋失败，在汪精卫面前大失面子，就可能使他恼羞成怒，翻脸扣人，死心塌地地反共。自己的安危固然不必多加考虑，但联络李士群，从他那里搞到敌伪情报，特别是当前有关"扫荡"根据地的情报，对于根据地的安危则事关重大，绝不能轻易地把事情弄僵而失去继续争取、利用李士群的机会。另一方面，汪精卫目前的心情不好，日本人已经通过周佛海和重庆方面搞热线联系，他又让李士群出面找共产党，正表明了他的处境不妙。他想会见中共代表人物，无非是想借此来向日本人显示他在政治上的能量，以增强日本人对他的信心。同时还可以借此加剧国共两党之间的矛盾和摩擦。他还期望通过会见中共代表以造成一种他的某种开明、民主，能够联络与容纳对立党派的假象。因此，潘汉年认为即使他去会见汪精卫，汪也不能把他怎么样，也不敢对外公开宣传什么。于是，他决定还是按照原来的计划，力争从李士群那里弄到情报。在完成这一任务之前，不论出现了什么情况，只要自己的心中有数，掌握原则和分寸，那就没有什么龙潭虎穴不能去闯的。于是，他答应李士群去会见汪精卫。

当然，现在只能是当机立断，请示报告是来不及了。

当天下午，潘汉年由胡均鹤陪同驱车前往汪精卫的公馆。他们都已事先安排好了。首先是由汪的秘书长陈春圃出面接待。在客厅坐了不大一会儿，汪精卫就从楼上下来。他和潘汉年握手之后，便坐下来开始谈话。

汪精卫说："我认识你们的毛泽东先生。过去我是主张联共的，以后发生误会了。你们和蒋介石联合是没有什么搞头的。蒋是独裁的，我是要搞民主的。我要搞议会政治，成立联合政府，吸收各党派参加。也请共产党参加。"

潘汉年说："共产党是不会来参加你的议会政治的，来的也是假的。上海的共产党不会代表延安来参加的。但我可以把汪先生的话转达给延安。我认为延安方面是不会退出重庆参政会来南京参加你们的议会的。"

汪精卫又说："现在是个好机会。我们合作起来可以异途同归。希望共

第十九章　一念之差　酿成终生苦果

回到根据地之后，潘汉年只向饶漱石大致汇报了目前不会有大规模“扫荡”的军事动向情报，而对此行的一些具体问题则缄口未提。其中包括最重要的一个事件——秘密会见汪精卫的经过，也被暂时压下了。

这真是智者千虑，必有一失。潘汉年此次敌占区之行无疑所得不小：不仅是进一步安排部署了敌后情报工作，而且直接获得了有关日伪近期无军事“扫荡”行动的重要情报，对于新四军和根据地的建设与发展起了积极的作用，其功绩与贡献不言而喻。但是，潘汉年此行所失也非同小可，尤其是对于他个人的政治命运来说，其所失竟是致命的，无可弥补，无可挽回，饮恨终生的。

这究竟是怎么一回事呢？

问题就出在会见汪精卫这一意外事件上。

潘汉年此次敌占区之行，计划中并无会见敌伪其他要人的安排。他的主要目的是直接找李士群了解有关敌伪“扫荡”的情报，次要目的是同留在上海坚持工作的一些同志见面检查督导工作。但在找李士群的过程中，心情未免过急了些。当在上海、苏州两处都见不到李士群时，似应有所警觉而采取稍缓的行动步骤。由于对李士群的政治流氓本质认识不足行动又急躁了些，结果是被诱骗到南京，最后造成了被“挟持”（这是中共中央关于为潘汉年平反的文件中斟酌再三所用的较为准确的词语），不能不去会见汪精卫的被动局面。

一个秘密情报人员，尤其是在敌后独当一面的领导者会偶然遇到突发性的始料不及的情况，是难免的，甚至可以说是经常发生的。过去潘汉年也并非没有遇到过。问题只在于如何处置得当而已。就会见汪精卫这件事的本身而言，潘汉年在不便硬性拒绝的情况下同意去会见，也并没有大的错误。况且，在整个会见过程中，潘的谈话和表态内容也并无明显不当之处。

潘汉年的真正失误是在于，他在事先无法请示的情况下不得已去会见了最大的汉奸头目汪精卫，而在事后却没有及时地向组织领导报告这一事件，不仅没有及时，而且是一拖再拖，整整拖了十多年，然后又是在十分被动的情况下不得已才向组织领导作出交代。对于一个共产党员，一个高级情报人员来说，这都是不能容许的错误。

一向精明干练，并且已有近20年党龄的潘汉年何以会出现这种显而易见甚至可以说是相当愚蠢的错误呢？

究其原委，客观上是因为中共党内矛盾斗争错综复杂，内耗严重，革命的“仕”途险恶；主观上则是知识分子的性格脆弱和患得患失思想酿成的苦果。

1943年正是淮南根据地大规模开展整风运动的一年。中共的整风运动始于1942年延安，是由毛泽东亲自发动并领导的。其目的是在于从思想上进一步清除王明路线在中共党内的长期而又恶劣的影响，用毛泽东的思想路线统一全党，从而步调一致地夺取抗日战争和革命事业的全面胜利。整风运动既是必要的，也是取得了重大成绩的。这已被历史实践所证实。然而任何政治思想运动，任何正确的目标，都是要由人首先是要由各级领导人来具体执行和推进的。所谓政治路线确定之后，干部决定一切，理由大致即在于此。众所周知，延安的整风运动在取得重大成绩的同时，也被康生之流的极左思潮所干扰，思想上的整风运动发展到后来组织上的所谓“抢救运动”之后，胡乱整人的现象也就不断发生。一些靠推行极左路线起家的英雄们便有了用武之地。

淮南根据地的整风运动是在紧接着延安整风运动之后展开的。从思想建设的角度说，当然也取得了很大的成绩，因为主要的指导性的文件是从延安传来的。潘汉年就被安排在干部大会上做过“反对党八股”的报告，他结合淮南根据地实际，批评了教条主义、宗派主义等许多不正之风和不良倾向。但是，正所谓上面的经到了下面的歪嘴和尚嘴里就会被念歪了一样，淮南根据地的整风运动是由当时的华中局书记兼新四军政委饶漱石具体领导的。整风运动这本延安传来的“圣经”到了饶漱石这个歪嘴和尚的嘴里就被念歪、变味了。他当时在根据地和新四军中虽然算是一号人物，但其威信却不及战功显赫、为人胸怀坦荡、善于处人的陈毅将军。因此而与陈毅格格不入，面和心不和。当整风运动在淮南根据地不断深入开展之际，饶漱石便乘机把矛头对准陈毅，批评指责陈毅的所谓自由主义。骄傲自大，乃至有反对毛泽东的言行云云。饶漱石发动他的一些追随者给陈毅施加压力。心高气傲，既不善于更不屑于搞党内权术斗争的陈毅怎么受得了饶漱石这种借革命以营私的行径，不久，即在1943年的秋天，他就被迫离开了新四军和淮南根据地到延安去向中央寻求公道了。

饶漱石蓄意打击和排挤陈毅这件事，在新四军和淮南根据地引起了强烈的反响。虽然有一些人出于各种原因追随饶漱石参与整陈毅的活动，但大多数的干部和战士对于陈毅还是很信任很尊重的。他们并不相信饶漱石等人给陈毅妄加的罪名。在高级干部中也有很多人对于饶漱石的这种利用整风排斥异己的宗派行径颇为反感。潘汉年就是其中之一。潘汉年过去和陈毅接触不算多，但对陈毅的为人和他的才能、风格却十分欣赏，就在饶漱石利用整风运动处心积虑地要整陈毅时，潘汉年却写了一首赠陈毅的旧体诗：

韬略经纶晋谢风，
雄师十万过江东。
庚岭三年惊贼胆，
王桥一战定华中。

后来，新四军和根据地的许多干部把饶漱石整陈毅这件事的意见写成了一份书面材料，就是通过潘汉年带到延安直接交给中央的。

陈毅、潘汉年等参观1921—1923年中央书记处办公室旧址。

因为潘汉年不仅没有追随饶漱石参与批评陈毅，相反，对饶漱石的做法表示异议，这就使饶漱石对潘也很不满了。潘汉年对饶漱石做法的不以为然，并且在私下里还有某些议论。这一切，都被人反映到饶漱石那里了。于是，潘汉年很快也被加上了"自由主义"、"小广播"等当时颇为流行的思想罪名。潘汉年成了饶漱石圈子以外的异己人物，也被列入整的对象。

潘汉年从敌占区回到根据地之时，也正是根据地整风运动的迅猛深入开展之际。当潘汉年应该按照组织原则向饶漱石汇报敌占区之行的情况时，他只讲了有关敌伪"扫荡"的情况分析，以及其他一些工作活动的情况，而对于自己被诱骗到南京以及被"挟持"去会见汪精卫一事，却有意隐瞒了下来。他虽然知道会见汪精卫时自己的言行并没有失去原则，但被诱骗和被"挟持"本身毕竟是自己的疏忽和失误。而且，这被"挟持"的说法究竟是否能够让人相信，以及自己在当时是应当采取强硬的坚决拒绝还是采取适当的妥协才更正确更符合党对一个情报干部的要求呢？他自己也吃不准，甚至感到某种困惑和惶恐，不知该如何处理此事才好。饶漱石已经在抓他的政治小辫子了，被"挟持"去会见汪精卫这件事很可能是一条让饶漱石抓住不放的更大的辫子。自己又何必急急忙忙主动送上门去挨整？！他想还是暂且放下来，等过一段时间再说，或者就等自己去延安面见党的高层领导人时再说为好。

这样，潘汉年就失去了第一次及时向领导汇报会见汪精卫一事的机会。真所谓一念之差造成了终生遗恨。他给自己埋下了一根政治灾难的导火线，导致了后来的22年的牢狱之灾。

政治上的矛盾斗争有时是很曲折微妙和复杂的。潘汉年躲着饶漱石，企图绕过饶的政治暗礁避开挨整的命运。然而饶漱石却并没有放过不肯跟他合作，加入他们反陈（毅）合唱的潘汉年。潘汉年原是中共社会部（中央情报部）的领导干部。他奉派到敌后工作，一向是直接对中央社会部负责的。他撤退到新四军根据地之后，主要任务也仍然是主管中社部系统在敌后的情报工作。他被任命为华中局情报部长后，组织上归属华中局领导，但业务上并没有改变仍以遥控指挥中社部系统敌后情报工作为主的职责。中央只是要求他以华中局为依托而开展敌后工作。因此，他也并没有向华中局领导饶漱石详尽地报告他这几年在敌占区工作的所有一切情况。如果潘在华中局的领导层不是和他的顶头上司饶漱石总是格格不入的话，那一切也许就不会有什么问题了。可是潘汉年偏偏不愿意向饶漱石靠拢，这不能不使饶耿耿于怀。因此，一年之后，即1944年的冬天，当中共中央电召潘汉年回延安让他以代表的身份准备参加即将于次年春天召开的中共第七次代表大会时，饶漱石以华中局的名义向中央发去了一份状告潘汉年的密电：除指责他在华中局工作期间有所谓“自由主义”、“小广播”的错误外，在敌占区工作中也有和李士群等汉奸人物往来密切“违反纪律”的可疑情况。这份状告材料，直接被送到了毛泽东、刘少奇和康生的案头。潘汉年当然是浑然不觉。

1945年年初，中共七大开幕前夕，潘汉年辗转回到了延安。潘汉年在中共党内的地位虽然不是很高，但因其工作性质的特殊，一直在情报工作和统战工作（党的外交工作）中身负重任，独当一面，因而自江西红军时代起，他每回到中央驻地时，便要亲自直接向中央最高领导人报告工作。毛泽东成为党的最高领导后更是如此。毛泽东对情报工作和统战工作一向十分重视，中情部成立时，他亲自主持制定了有关调查研究的决定文件。毛泽东对潘汉年个人也一直相当器重。1936年8月，潘汉年从苏联回国参加国共合作谈判到陕北保安去向中央报告工作时，第一次也是最早在中央工作会议上向与会者介绍了共产国际领导人对毛泽东在中共党内领袖地位的肯定评价。这使毛泽东大受鼓舞，潘自然也给他留下了深刻印象。后来潘赴上海、南京和国民党谈判，他多次打电报给潘汉年指导工作，电文抬头大多沿用传统习惯以“汉年兄”相称。1949年春，潘汉年、夏衍、许涤新从香港回北平向毛泽东报告工作时，他仍当面用潘的外号（也是过去地下工作的代号）“小开”相称。可见毛泽东对潘向来是亲切随和，颇为赞赏的。潘汉年这次从淮南根据地回到延安，自然也是要直接去向毛泽东报告他自1939年离开延安到敌后去这约五年时间工作情况的。

果然，潘汉年到延安后就被安排在杨家坪和中央许多领导人毗邻而居。很快，就约定了和毛泽东见面谈话的时间。潘汉年原打算这次见毛时，一定要当面向毛报告在敌占区工作的各方面情况和问题，也包括被挟持去会见汪精卫的情况。他准备就这件事当面向毛作出检讨。但是，当潘汉年见到毛泽东之后，在与毛谈话过程中，会见汪精卫一事又一次被压了下来而隐瞒未报。其原因仍在于潘汉年那知识分子患得患失、畏首畏尾的脆弱性格所致。

具体情况大抵是：在此之前，毛泽东对于新四军和淮南根据地的情况已经有了相当的了解并且和中央另外一些领导人研究过。关于陈毅和饶漱石之间的矛盾，中央已有基本结论，认为饶漱石指控陈毅的一些罪名，包括所谓反对毛泽东的罪名不能成立。并且高度评价了陈毅的战功和他对新四军和根据地建设的贡献，从而否定了饶漱石在整风中的某些做法。与此同时，毛泽东和中央领导人对饶漱石状告潘汉年的那份密电材料也进行了研究。认为饶漱石指控潘汉年在敌占区工作中所谓“违反纪律”以及和汉奸李士群等暗中往来可疑的说法是没有道理的，是因为饶漱石不了解情况所致。毛泽东基于对潘汉年的信任否定了饶漱石对潘汉年的猜疑和指控。因为有了上述的背景情况，所以当潘汉年去见毛泽东，向毛泽东详细报告他在敌后工作的种种情况之后，正准备把被挟持会见汪精卫一事向毛泽东和盘托出时，因为是当面向领导检讨自己的失误，而且这检讨又已被延搁了一年多时间，心情未免有些紧张不安，一副诚惶诚恐之态，连语言也失去了往日的流畅，这时毛泽东大概误以为潘汉年这是受饶漱石的告状所引起的失态，没有等潘汉年继续说下去，就立即以他那惯有的领袖气度和洞悉一切明察秋毫的口吻笑着对潘汉年说：你不用紧张嘛！你这几年在敌后的工作，中央是了解的，对你是完全信任的。外面有些谣言，我们并不相信，你也不用害怕。中央会为你澄清的。没有想到，毛泽东的这一番亲切热情的话，使潘汉年深为感激和欣慰，又使他更加惶恐而一时语塞，竟没有勇气立即把自己确曾会见过汪精卫并且已被隐瞒了一年多时间的错误立即坦白说出。知识分子莫名其妙的“面子”观，害怕一旦说出真相会引起毛泽东的尴尬难堪甚至震怒，以及始终存在的某种侥幸心理，这一切的因素，就使潘汉年话到嘴边留半句，第二次失去了作为一个共产党员必须向组织领导如实报告自己一切错误的机会。同时也给自己继续留下了一块“心病”。

潘汉年会见毛泽东并谈话之后，关于他在敌后工作的可疑风波就似乎风平浪静了。不久，毛泽东又亲自批发了一份由刘少奇和康生共同署名代表中央打给饶漱石的电报，以答复饶原先对潘汉年的指控。电报明确指出，潘汉年在敌后和李士群往来，争取李士群在敌伪内部为我方做情报工作，是根据中央社会部的要求进行的。潘汉年利用李士群的关系帮助中共撤退和转移干部的情况，中央也都知道。电报强调说："在利用李士群的过程中，汉年也绝无可怀疑之处，相反的还得到了许多成绩。这类工作今后还要放手去做，此次汉年来延安，毛主席向他解释清楚。"只可惜这份电报虽然暂时保护了潘汉年，使他未因饶的告状而遭打击，但却同时暴露了因为潘汉年没有及时向中央报告自己被挟持会见汪精卫的问题而使中央对情况判断也出了差错。例如电报说："敌伪及国民党各特务机关说汉年到南京与日方谈判并见过汪精卫等等，完全是造谣污蔑。"电报最后又说："国民党中统局经常制造谣言说延安派李富春、华中局派潘汉年到南京与敌伪勾结，又常造谣说汉年已被华中局扣押，极尽造谣挑拨之技，望告情报系统的同志千万勿听信此种谣言致中敌人奸计。"

问题就是这样被阴差阳错地弄得复杂化了。潘汉年因为害怕饶漱石利用他会见汪精卫一事乘机报复整人，因而迟迟没有向组织领导报告事情的真实情况；敌伪和国民党特务机关本来就惯于造谣生事，听到一点潘汉年去南京见汪精卫的事，自然会加以利用并且蓄意夸大，又编造了另外一些谣言混淆视听，恶意中伤中共；饶漱石又出于不正的心术，没有认真调查了解（包括向潘汉年本人了解）全部事实真相，就匆匆忙忙仅仅根据外间一些传闻就急着向中央状告潘汉年；中共中央和毛泽东在没有得到潘汉年本人的任何报告情况下，因为一贯信任潘汉年而不相信国民党特务机关的宣传谣言也在情理之中。这一阴差阳错局面的形成，主观上当然是由于潘汉年的患得患失思想弱点，没有及时向中央领导报告真实情况所致，客观上却不能不说是由于饶漱石在华中大搞"内耗战"所造成的后果之一。

然而潘汉年没有想到，他的这一次没有及时向中央报告自己曾经会见过汪精卫一事从此留下了一个致命的祸根：十年之后，当他再次为形势所逼，不得不向中央交代当年被隐瞒了的这一历史事实时，震怒的毛泽东立即挥笔写下了"此人以后不可信用"的批语，随后便以"内奸"罪被逮捕下狱，一直关了20多年，直至含冤逝世为止。

下篇

再创辉煌

第二十章　好事多磨　有情人终成眷属

1944年冬天，潘汉年应召离开淮南根据地到延安去参加中共七大是绕道经上海启程的。离开上海之前，他经过慎重考虑，终于下决心处理了已经拖延得太久的个人婚姻问题，和正在上海坚持情报工作、已经恋爱了好几年的董慧正式结合在一起，并且立即将董慧带往延安。

已经38岁的潘汉年何以会到今天才“下决心”处理自己的婚姻问题，并且是“慎重考虑”之后才决定的呢？这话说来就长了。

还在1924年冬天，刚满18岁的潘汉年就在宜兴家乡由父母包办和当地农村的一位叫许玉文的姑娘结了婚。这是一次潘汉年完全未能自主的婚姻。当时他正在无锡国学专修馆念书，从对象的物色到婚姻的选择，大抵都是根据媒妁之言由父母做主决定的。潘汉年几乎只是遵命行事，一切听任家庭摆布。已经接受了五四新思潮的洗礼，思想已日渐成熟的潘汉年，为什么会轻易就接受了这桩不自主的婚姻呢？一个原因是传统的伦理纲常观念仍在他的思想深处起作用：父母之命难违。他没有勇气和父母为自己安排的命运抗争。这也正反映了他的知识分子性格脆弱的一面；另一个原因则是当地农村的大多数家庭已经形成的男主外女主内的格局，男人在外读书、做事、追求事业有成。女人在家操持一切，挑起家庭重担。潘汉年的家庭当时已经相当衰落，父亲在外生活奢侈而思想颓唐，操持家务、抚育年幼弟妹的重担全部压在母亲一个人身上。尽早地为潘汉年娶妻，实际上就是为母亲增加一个帮手。潘汉年事母至孝，因而不能不顺从母亲的心愿，在并无充分思想准备的情况下，接受了这桩没有感情基础的婚姻。

然而这却是一桩充满悲剧色彩的婚姻。

1925年年初，新婚不久的潘汉年就离开家乡，只身到上海寻求发展。几年之后，潘汉年在上海事业有成，已经成为一个知名的左翼作家后，才将许玉文接到上海共同生活。不幸的是，这桩缺乏思想感情基础的婚姻很快就暴露出了先天的不足，两人在思想文化和性格情趣方面的差异导致了他们夫妇之间的生活很不和谐：经常争吵，有时甚至动手厮打。据光华书局经理沈先生的回忆，他就曾亲眼见到许玉文和潘汉年厮打的难堪场面。潘汉年在党的地下工作中地位日渐重要，纪律要求他的具体活动乃至日常行止必须严守秘密，甚至不可以告知家人。不知为什么，潘汉年也没有像许多地下工作者那样将妻子引进革命队伍。因此，这对年轻的夫妇之间就更加难以互相理解，以致不断地产生误解，加深隔膜，发生摩擦。

1933年夏天，潘汉年向江西中央苏区转移时，许玉文也一起去了。但是，1934年秋天，中央红军开始长征时，潘汉年随军走了，不知什么原因，许玉文却没有得到妥善的安排。中央苏区被白军占领后，许玉文和很多红军家属一起被俘了。可能是因为她的政治色彩很淡，只知丈夫是共产党，具体情况一概不知，属于纯粹的家属。因此，国民党很快又将她遣返江苏宜兴老家。1936年冬到1937年春，潘汉年再到上海担任国共合作谈判代表期间，许玉文才又被接到上海来和潘同住了一段时间。但不久抗战爆发，“八一三”之后上海沦陷敌手，潘汉年给许玉文留下一笔生活费之后，便只身离开上海到了香港。两年之后，即1939年秋天，潘汉年从延安再到香港从事敌后情报工作时，为了掩护的需要，他又将许玉文从上海接到香港同住。后来潘汉年再从香港转移到上海时，许也跟着回到了上海定居。问题是，在这长达七八年的时间里，潘汉年、许玉文二人合合离离，始终没有建立起真正的夫妇之间应有的感情，两人始终处于隔膜状态。两人之间即使在一起时也几乎没有什么真正的交流。家庭只不过是潘汉年的一个落脚点，由于他的行踪飘忽不定，具体行止也不便多言。结果是他很少回家，回家时也往往是短暂逗留，瞬间即走。因此，本就基础薄弱的家庭，渐渐地就形同虚无了。

正是在这样的情况下，一个新的女性董慧逐渐地走进了潘汉年的生活天地，卷入了潘汉年的情感漩涡。

董慧，原名董奉然，1918年出生，原籍广东，生长在香港。1937年她在广州培道中学毕业后去北平报考大学，正遇上七七事变。不久，她随平津流亡学生一起到了西安，并考上了西北联合大学。充满抗战热情的董慧，不愿在西安念书，而宁愿投奔延安。她主动找到八路军办事处，要求报考延安的革命学校。经过考试，她被录取、分配到延安抗日大学。这位19岁的女学生终于在1937年11月进入了抗大。1938年1月，董慧加入了中国共产党。7月，分配到马列学院学习。从马列学院结业后，她被分配到中共中央机关工作。由于她在香港有着很有利的社会关系，父亲董仲维先生是当时的香港商会会长，在香港有很大的实业，是道亨银行的董事长。因此，组织上决定将董慧调入中央情报机构工作。准备经过一段时间培训后，将她派往香港。就在她接受组织安排到中央社会部去接受培训期间，也认识了当时正在中社部主持培训工作的潘汉年。不过董慧当年只有20岁，还是一个刚刚参加革命不久的知识青年，潘汉年却已是一位久经锻炼的革命领导干部，他们之间的距离显而易见，也仅仅是互相认识而已。董慧很快就离开延安被派往香港。起初她在廖承志领导的八路军办事处的一个情报小组工作。不久，潘汉年也到了香港，并且以中社部副部长兼华南情报分局负责人的身份，全面负起了领导和指挥敌后情报工作的重任。董慧也就成了潘汉年直接领导下的一位情报干部。

董慧性格内向，性情温和，平时说话不多，政治上单纯而稳重，对党的事业充满热忱。虽然是名门千金，却朴实无华，深受周围同志们的称许。由于董家的道亨银行在上海设有分号，有利于工作掩护，潘汉年便选派她担任香港和上海之间的交通员。利用银行之间的业务往来，往来于港、沪之间。后来，潘的情报系统工作中心转移到了上海，潘汉年便安排董慧在道亨银行上海分号中谋一职员位置，利用银行业务的方便条件，为情报系统掌握经费负责收支存取。须知情报系统的经费数量不少，账务需要严格保密，一旦被泄露，不仅会使经费本身受损，更可能危及整个情报系统的安全。因此，董慧做的这项工作表面上平淡无奇而且很琐细，但责任却十分重大。董慧不负重托，兢兢业业，以普通银行职员身份，默默无闻地工作着，而且从未出现闪失。对情报系统工作的顺利开展起了很好的保证作用。潘汉年很器重这个刚刚20出头的女孩，经常在政治上和思想上予以关心，并在工作上予以具体指导和帮助。而董慧对于潘汉年这位久经革命考验，在党内外都颇负盛名的上级领导则怀着十分尊敬甚至是崇拜的心情，经常和他接近。

潘汉年和许玉文的包办婚姻以及他们夫妻间的感情不和，离多合少的情况是许多人都知道的。许多人对潘汉年在婚姻方面的不幸也深表同情，但却并不一定能够理解他在这方面有苦难言的困境。他当然希望结束这桩不幸的婚姻，以他的种种优越条件，要寻找一位称心如意的伴侣，建立一个幸福美满的家庭，也并不是很难的，但是要结束原来的这桩旧式婚姻却相当棘手。许玉文“嫁鸡随鸡”的传统观念根深蒂固。即使她知道潘汉年从事的是一种危险的事业，甚至被当时的世人称之为“共匪”，而且又并不爱她，她也没有想到要同潘汉年离婚。无论是当年从江西苏区被遣返回乡，还是后来在日本人占领的上海过着抗战家属的危险日子，她都没有想到要离开潘汉年，而潘汉年也很难提出要和许玉文离婚的要求。他知道许玉文不会同意。他不是一个普通的老百姓，而是共产党的地下工作领导干部。他不能鲁莽行事，硬逼着要和许玉文离婚，从而出现某种严重后果。当然更不允许采取离婚诉讼、对簿公堂之类的合法手段，把自己暴露于公众面前。因此，他的这桩旧式的不幸婚姻，就这样一直若即若离地一拖再拖了下来。

然而人非草木、孰能无情。虽然潘汉年一时无法摆脱旧式婚姻的桎梏，但在情感的领域内却无法完全受旧式不幸婚姻的束缚而绝对恪守传统道德的规范。在他的工作与生活环境中，至少就有两位条件很优秀的女性因同情和理解他的婚姻的不幸而向他频频地射出丘比特的神剑，她们都是革命的新女性，并不在乎旧的传统道德的清规戒律，她们希望能以自己的真实感情去抚慰潘汉年那已经饱受创伤的心灵，她们相信他需要新的爱情的滋润。董慧就是这新女性的其中之一，她从潘汉年的身上看到了许多宝贵的东西：革命事业心、才华、风度，对人的关心，等等。因而她将一颗少女的心，一种几乎还是初恋的感情，勇敢地献给潘汉年。而潘汉年也从这位比他小12岁的女孩身上看到了许多可贵的品格：对革命事业的热忱，鄙薄荣华富贵而置身于艰苦的革命斗争行动，纯真美好的心灵，等等。他真的很喜欢这样的女孩。他渴望有董慧这样的真情来填补自己情感世界的空白。在经历了几番考虑之后，他终于接受了她的感情。这样，在1941年到1942年的香港和上海，在敌后的动荡不安和十分艰险的环境中，潘汉年和董慧之间，渐渐地就由同志发展成为恋人，并且在情报系统的圈子内，也逐渐成了公开的秘密。同志们也都给予了真诚的同情和理解。汉年的风流倜傥，阿慧的小鸟依人，他俩被认为是很好的一对情侣。

不过好事多磨，事情远不是一帆风顺。潘汉年已经和董慧热恋了，却仍然无法结束和许玉文的旧式婚姻。旧的女性固执起来是极难改变主意的，何况许玉文是旧式婚姻的不幸受害者，潘汉年也不能不顾一切地强其所难。于是他的婚恋生活就形成了这样一种不正常状态：一面维持着和许玉文的合法婚姻，一面和热恋中的董慧情意浓浓：董慧虽然通情达理，但作为一个名门闺秀，自然也希望能够尽早结束这种不正常状态，有一个名正言顺的婚姻归宿。就在这种不正常情况下，不久又出现了一次引起情感波澜的变故：1942年11月，潘汉年按照中央的部署要和刘晓等人一起撤离上海到淮南根据地去。高级干部撤离一般可以偕家眷同行并且也有利于途中的掩护。此次撤离上海的中共江苏省委组织部长王尧山就带着妻子赵先同行。潘汉年此时已不愿意像当年撤离上海去江西时那样带着许玉文同行。可是公然带着董慧同行又似乎不妥。他毕竟是一个知识分子出身的共产党高干，修养和影响都在顾忌之列，名不正则言不顺，他不愿让人说闲话，只得只身前往淮南根据地而把热恋中的董慧一个人留在了上海。这一对热恋的情侣，由此而开始了两地相思的苦涩情感历程。

淮南根据地和上海之间虽然并不遥远，但却比相隔千山万水更为不便。没有通邮的条件，思念对方也无从通过信函倾诉。潘汉年只能偶尔通过地下交通员顺便给董慧捎去一些透过文字表露的信息。不用说，这种通过别人之手又有可能随时遇到检查甚至丢失的文字信息是不可能尽情畅叙的。但尽管如此，潘汉年还是通过特殊的表达方式倾诉了自己的感情。例如在一首题为《五月寄慧》的旧体诗中，潘汉年写道：

处处烽烟离恨天，
孤灯独坐觉春寒。
山光馆内当年梦，
何日重逢续旧缘。

1943年年底，潘汉年特意安排董慧跟随交通员何荦一起到淮南根据地一趟，住了半个月左右时间。这短暂的相聚固然给他俩带来了莫大的欣慰，但迅速的别离也给他俩带来了无限的惆怅。1944年元旦的第二天，董慧就不得不离别根据地返回上海去。潘汉年当日便写下了《寒风曲》一首，并注明写于“淮南阵前送慧归”之时：

寒风吹晓月，
大道锁青霜。
马蹄声声得，
方寸益惶惶。
此别伤心处，
无言泪几行。

送走董慧的第二天，潘汉年又写了一首题为《别后》七律：

别后贪杯且抑情，
醉乡岂可能浮生。
星残月落天将晓，
烛烬樽空泪有痕。
脉脉相思难入梦，
凄凄久别最伤神。
恩怨满腹懒分说，
不必千言苦字真。

很显然，潘汉年写的这几首诗并不是为了给别人欣赏，更不是为了发表宣传的。倘按政治思想标准苛求，似乎不像一个久经锻炼的共产党高级干部所作。然而正是这些充满着真情实感的诗的语言充分表露了潘汉年作为一个真实的人在和恋人董慧的悲欢离合特定环境中所产生的惆怅感伤和无奈之情。这正是潘汉年的剖露心扉、记录心路历程轨迹之作。我们又何必去苛求！

1944年11月，潘汉年接到中央通知，要他返回延安准备参加将于第二年春召开的党的七大。起初按组织安排的路线，是让他从津浦路乘火车先到北京，再从北京经由京西游击区到达晋察冀根据地然后转赴延安。不料到达北京后，他在约定的一家旅馆里住了好些天，仍不见根据地派来接他的交通员，他着急了。在北京他人地生疏，单身一人唯恐在这个小旅馆住久了会引起敌探注意，他也不知道交通员何以迟迟未到。为避免出事，他就改变主意，又乘火车南下到达上海，并将自己在北京等待交通员未果的情况电告华中局，请组织上另行安排交通路线。华中局很快就派一位同志到达上海，说延安已来电催问，要他改走另一条路线，即从上海出发，乘火车经徐州至开封再从彰德转太行，然后赴延安。

当潘汉年这次途经上海准备赴延安时，原来受潘的委托照应许玉文生活的同志，将许玉文心已所属其他人的这一新情况告诉了他。他立即返回原属自己的家里，取走了一部分他留下的衣物，没有再多说什么，就悄然离开。许玉文知道一切都无法挽回，也未再阻止。在这样的情况下，潘汉年立即报经组织同意偕董慧一起踏上了往延安的旅程。

有情人终成眷属。至此，潘汉年和董慧便正式以夫妇身份出现于各种场合。经长途跋涉到达延安后，潘汉年被安排在杨家坪居住，董慧被分配到离杨家坪十多里的枣园中情部工作。每到周末，夫妇俩就在杨家坪团聚，这是当时延安干部的普遍制度。经历过长期情感折磨的潘、董夫妇对此已十分满足了。从此夫唱妇随，他们再没有分开过。只是，直到1947年，他们才在香港举行了正式的婚礼。这当然并不重要，那是为了适应香港的环境和顾及董家在香港的声望而补办的仪式。

潘汉年、董慧夫妇合影

潘汉年、董慧的印章

第二十一章　烽烟又起　再踏上新的征程

1945年4月下旬到6月中旬，中国共产党第七次全国代表大会在延安胜利召开。这时候，国际国内的形势正在经历着巨大的变化。世界反法西斯战争的胜利形势已经完全明朗，德国、意大利的法西斯已经走上穷途末路。苏联在雅尔塔会议上答应对日出兵作战后，日本侵略者也已面临崩溃边缘。中国抗日战争的胜利曙光已经在望。在这样形势下召开的中共七大，其主要任务就是要总结抗战以来的历史经验，迎接即将到来的抗战胜利，并为此而做好各项准备。因此，毛泽东在大会的开幕词中就确定了本次大会的主题：团结的大会，胜利的大会。

在总结抗战以来的历史经验方面，中共领导的敌后战场，包括党在敌后的情报工作和其他工作，都受到了充分的肯定。毛泽东在会上还直接口头表扬了潘汉年和刘晓在敌后工作中所取得的成绩。

七大会议期间，在酝酿新的一届中央委员会委员候选人时，潘汉年以其出色的历史功绩和现实的工作成绩赢得了很多同志的高度评价。他被华中代表团提名为新一届中委的候选人。但这一提名后来竟由于一位党内领导人的直接干预而被撤销了。这位领导人一向对饶漱石特别器重，饶漱石向中央告状，说潘汉年在华中有所谓“自由主义”、“小广播”以及在敌后有所谓“违反纪律”问题时，已经给这位领导人留下了不好印象。尤其是潘汉年曾经在下面议论过饶漱石的缺点毛病，并不符合这位领导人当时正竭力提倡的“修养”标准。因而在华中代表团的小组会上，这位领导人对潘汉年进行了公开的批评。这时的潘汉年，已经被党内的矛盾斗争以及因会见汪精卫一事一直还没有向中央说清楚而弄得神经相当脆弱，面对这位领导人的公开批评，哪里还有勇气辩解和抗争，反而诚惶诚恐地进行了自我批评。并立即主动要求撤销对自己的中委提名，因此而失去了一次晋升的重要机会。因为那时中央委员的人数很少，能够进入中委不是容易的事。

中共七大结束后，潘汉年仍被留在延安，中央的一位领导人曾有意要他参加地方政权工作，担任陕甘宁边区政府秘书长的职务。他没有接受而宁愿暂留中情部帮助工作。

不久，抗战宣告胜利。中共中央迅速作出新的部署，调集大批干部前往东北地区和国民党政府的接收大员们抢时间，争地盘，以建立东北根据地。潘汉年也在被调集之列，很快就随彭真、陈云、李富春等一批领导干部，乘坐现代交通工具赶往东北。董慧则跟随大批普通干部和家属，艰难地长途跋涉赶到东北。潘汉年被安排在沈阳和东北局的情报部门领导一起从事情报工作，董慧到达沈阳后就和潘汉年一起在那里住了下来。但不久，东北形势急转直下，国民党迫使中共领导机关撤出沈阳。潘汉年则被留下来转入地下继续担负情报工作任务。

但是，潘汉年在沈阳独立工作有很大的局限。他在这里没有像在上海、香港那样可以充分利用的社会关系，语言又有障碍（他只能说吴语味很浓的普通语），很不利于开展工作，而且有很大危险。在这种情况下，潘汉年通过军调处征得领导同志的同意，偕董慧一起离开沈阳到了北平。当北平军调处的李克农把潘汉年的行止告知中央后，中央立即让潘汉年回一趟延安。那时，军调处与延安之间经常有飞机往返，交通颇为快捷。潘汉年回延安后数日便又返回北平。根据中央指示，他又被派往上海执行情报和统战双重工作任务。

这已经是1946年春末夏初了。潘汉年偕董慧一起离开北平南下。途经南京时，潘汉年下车单独前往中共谈判代表的驻地梅园新邨，并会见正在那里的周恩来。周对潘去上海的工作做了许多的具体指示，要求他在上海除抓好情报系统工作外，要积极开展统一战线的活动，利用他和社会各界人士熟悉的有利条件，为中共争取更多的朋友和同盟者。

潘汉年到达上海后，立即遵照周恩来的指示精神投入了工作。他一面会见情报系统一直坚持在那里工作的一些干部，如张唯一、刘人寿、陈曼云、张建良等人，并且召开总结工作会议，对今后的一些工作做了适当的部署，一面广泛接触一些反对国民党发动内战和不满蒋介石搞独裁的爱国民主人士，向他们转达中共争取国内和平和争取人民民主的决心及其方针政策。

值得一提的是，就在这一段工作极其繁忙的空隙中，潘汉年又恢复了左翼作家的固有追求，用笔名在郑禹森主编的《联合晚报》副刊上连续发表了数十篇引人注目的时事短论和社会批判的杂文（这些杂文在80年代初潘汉年冤案平反后由百花文艺出版社结集出版，书名为《潘汉年杂文选》，这是一部很有纪念意义的作品）。

1946年七八月间，经历了近一年时间的国共两党的和平谈判最终未能达成共识，获得人民渴望已久的和平。人民所不愿意看到的，一场新的大规模的内战终于全面爆发。

在这样的形势下，当时滞留在上海的中共人员根据周恩来制订的方案，立即兵分三路：一部分人留下来继续坚持地下工作；一部分人撤退到延安和苏北根据地去参加人民解放战争；一部分人则转移到香港去从事情报、统战以及其他文化宣传工作。潘汉轻车熟路，又是顺理成章地被周恩来派往香港，不仅要他继续主管中情部在香港、上海等敌后地区的情报工作，而且要他同时担负起进行上层统一战线工作的重任。

1946年9月，潘汉年离开上海踏上了新的征程，他和董慧一起回到了阔别已有5年之久的香港。

1946年潘汉年摄于上海

这时候，香港已经恢复了它作为一个特殊的政治地理的空间。日本投降后，英国又恢复了对它的殖民地统治。但在统治的形式与方法上与日本占领者有很大的不同。它的自由港的特色比之过去更加显著。不仅在经济上贸易自由的幅度更加广泛，而且在政治上也有了更多的自由空间。除了西方各大国和苏联仍旧把它当作在亚洲活动的一个桥头堡外，中国大陆的各种政治力量更是把它当作一个开展合法与非法斗争的重要基地。国民党政府和它的两大特工系统在香港安排了大量的人力物力进行广泛的活动。中共也决定将香港作为一个开展政治斗争、搜集国际国内情报、从事统战工作的中心据点。其他各种地方政治势力，不愿同蒋介石政权合作的各民主党派及其头面人物，也都利用香港这块相对安全的地方作为活动据点，以便进退自如。

潘汉年到达香港后，很快就承担起了多方面的艰巨任务。他不但要主持和指挥中情部系统在香港以及上海、南京等地的情报活动，而且要对在港各民主党派和无党派民主人士开展统一战线工作。同时还要参加香港地方党即“中共香港工委”的许多重要活动。当时香港工委属中央上海局分管，潘汉年是上海局的成员，因而需要参加香港工委有关工作方针和政策的研讨以及重要情况的汇报会等。他成了中共在香港的一位最具代表性，因而也是一位最活跃的人物。秘密工作和公开工作都要抓，情报、统战、地方党的活动同时兼顾。用当时中共香港工委领导成员之一夏衍的话说，那时在香港许许多多的事都要找潘汉年，都要由潘汉年牵头办才成。

第二十二章　知人善任　派遣张建良完成艰难使命

情报工作始终是潘汉年关注的工作重点。他到香港后不久，就陆续调集干部重新组建了一个包括张唯一、张建良、简××、董慧等人在内的基本情报班底，并且派出得力的联络人员同上海、南京、广州以及澳门等地的情报工作据点保持密切联系。所有从上述各据点以及直接从香港本埠搜集到的情报资料，统一由张唯一汇总编写，由潘汉年审定签发，通过无线电波传到中央情报部。

在此期间，潘汉年系统向中情部报告的重要情报包括：（1）东北解放战争期间，国民党从海上向东北军事运输情况。（2）国民党关于徐（州）蚌（埠）会战的部署、国防部战斗序列、淞沪警备计划等。（3）揭露和粉碎国民党的“和谈”阴谋。配合渡江作战获得有关国民党的江防计划，以及江阴要塞、吴淞要塞、海军舰队驻地等情况。（4）国民党国防部的人事、联勤部的组织系统、补给表、军队运输等情况。（5）提前获得的关于蒋介石即将下台、李宗仁将上台的情报，等等。所有这些重要情报以及其他许多有关国民党的政治、经济、社会等一般情况的情报，对于中共中央、中央军委等决策机构来说，无疑都是具有重要价值的，对于人民解放战争的胜利作出了不可磨灭的贡献。

其实，情报部门的工作并不只限于收集若干情报资料及时向中央报告，有时还要去寻求和猎取比文字情报资料更具价值的东西，或者去完成更为重要而艰巨的特殊使命。

1948年上半年，国内战争的形势发生了历史性的转折：战争已经从解放区向国民党统治的地区转移。也就是说，战场已逐渐从解放区转到国统区。下一步的战争将主要在国统区开展。

在这个新的历史条件下，对于人民解放军作战指挥机关来说，迫切需要对即将作战的地区亦即未来的战场有更深入更具体的了解。具体来说，就是十分需要获得国统区的若干地区性的军用地图。这对未来的作战指挥无疑是绝对必要和具有重大意义的。然而这样的军用地图在当时的解放区根本无法找到。因此，中央军事指挥中枢只能把希望寄托于正战斗在国统区的隐蔽战线上的同志们。于是一纸电报发往香港华南分局，命令情报系统努力解决这一难题，设法搞到这样一批军用地图。而且提示：日本人为了侵华战争需要，曾经制作过一批二万五千分之一的军用地图，这批地图现在已移交给国民党政府当局。

华南分局接到中央的电报后，经研究认为，这批地图有可能存放在国民党南京国防部的有关职能部门内，要弄到这批地图，只有从这条渠道去寻找空隙和机会。作为华南分局的情报主管，潘汉年责无旁贷地负起了指挥这场情报战线上的一场攻坚战的重任。

不入虎穴，焉得虎子，这是尽人皆知的哲学启蒙常识。关键是让谁去入虎穴，既能得虎子，而又不会被虎所伤。经再三考虑，潘汉年决定选派张建良去完成这项任务。他之所以选定张建良，是因为完成这样的任务不仅需要个人的足智多谋和知难而进的勇气，而且需要有很好的有利于接近目标的社会关系，否则连起码的线索也找不到。潘汉年相信，在当时的情报系统中张建良是最具备这样有利条件的。张建良在大革命之前曾经是国民党的左派，在南京金陵大学念书时担任过国民党南京市南区的党部委员，同时是金陵大学的学联理事。并曾以工作人员身份去广州参加过国民党的第一次代表大会。在五卅运动前后，张建良曾多次参与南京爱国学生运动的领导工作，和国民党的许多元老级人物有所接触，并和一些国民党的中坚分子有过密切交往。大革命失败后他因不满蒋介石的排除异己屠杀工农的政策和国民党彻底决裂，并一直在上海、南京一带从事秘密反蒋活动，结交了许多反蒋人士。抗日战争开始后，他决心投奔延安，后来在香港加入中共情报系统工作，被吸收为中共秘密党员。此后就一直在潘汉年的领导下工作，并且为抗战大业作出过许多成绩。潘汉年返回根据地之时，留在上海的张建良暂时由张唯一负责联系领导。1946年潘汉年再度回到上海后，便又恢复了和张的联系，并直接指导他的工作。潘汉年转移到香港工作后又将张建良从上海调到香港，并屡屡赋予重任。

潘汉年深知张建良善于利用有利的社会关系，进行一些重大的和艰苦的甚至是相当危险的情报活动。他记得在撤离上海之前，即1946年的夏秋之交，他就曾经将一项很艰苦很危险的工作任务交给张建良去完成。当时张建良也明知任务艰险，但他却坚决服从，冒着风险知难而进，最后终于巧妙地完成了任务。这项任务的具体内容是：当时国民党空军一位叫刘善本的飞行中队中队长因为不满蒋介石发动内战的政策而驾飞机起义飞往延安。国民党当局对此极为恼怒。延安的中共领导机关十分关心刘善本留在上海的家属，指令上海地下党设法派人到刘家去看看情况，告知刘善本到延安后的情况很好，并代表中共对其家属进行慰问。这时，刘善本在上海的家已被国民党人员层层封锁，严密监视。中共要派人到刘家去看望和慰问，不但很难，而且有被特务发现逮捕入狱危险。但当潘汉年约见张建良并要求他代表党组织去完成这项任务时，张建良毫不犹豫地接受了下来。经过周密思考设计，张建良找到一位正在替孔祥熙系统办一家大报纸的朋友，临时搞了一张记者身份标志的名片，又从一位老前辈那里借来一辆专用汽车，然后就以派头十足的新闻记者身份，直闯刘善本的家。就在监视刘家的特务还来不及弄清楚这位记者究竟有多大来头的时候，张建良巧妙地避开特务耳目，将中共领导要传递的信息和慰问转达给刘善本妻子周淑璜女士，随后安全地离开了刘家。按约定的时间，他及时向潘汉年汇报了完成任务的经过，潘汉年听了汇报后自然十分高兴，对张建良着实称赞了一番。这件事自然也给潘汉年留下了深刻印象。

现在中央要求情报部门搞到日本人移交给国民党的这批军用地图，这地图估计又是藏在南京国防部里，潘汉年觉得这任务只有派张建良去执行，成功的系数最大。张建良在南京上海的国民党军政界都有一些旧关系可以利用。加上他的勇敢与智谋，相信他一定能够克服种种困难而完成任务。当潘汉年将中央的要求和华南分局的估计告知张建良，并决定请他出马去执行这项任务时，张建良一如既往，并未推辞。他当然知道这任务的难度和可能遇到的危险，但他自从献身于中国革命事业，特别是决心投入共产党的队伍行列后，早就将一切风险包括个人的生死存亡置之度外了。13年前，1935年的冬天，国民党当局曾以10万元大洋的悬赏金额在全国范围内通缉捉拿他。就连这样的危险难关都被他闯过来了，13年后的今天，还有什么危险难关能够阻挡他的革命决心和意志哩！因此，在潘汉年向他具体说明任务和要求以及需要注意的事项后，他立即表示自己将尽力去完成。

张建良首先找到为了避免卷入内战而暂住在香港的老朋友任庵，共同研究分析了目前在南京军政界最可信赖的旧关系，一致认为已经是国民党陆军少将的陈光彬最为可靠，应当通过他去设法打开南京国防部的大门。陈光彬的兄长陈光国大革命以前，就是国民党的左派，和张建良、任庵是非常要好的朋友。后来一直支持张建良的反蒋活动。1935年晨光通讯社刺杀汪精卫一案，陈光国虽未直接参加但也被牵连了进去，后来竟被军统秘密杀害。陈光彬对这位兄长很有感情，乃兄被害，一直心存怨恨。他虽在国民党军界服务，但对国民党也颇不满。他出身于国民党军官学校，后来又一直在军校当教官。他教过的学生中大多在国民党的军队里任职，其中有一些人已经进入国民党的最高军事机关担任了相当重要的职务。如果能够说服陈光彬从旁协助，取得军用地图的任务就有希望完成了。

和任庵研究商定后，张建良立即动身从香港潜入上海。这时恰好陈光彬正在上海，张建良顺利地找到了陈光彬。因陈光国的关系，陈光彬和张建良、任庵过去就比较熟，并偶有往来。但陈光彬只知道任庵、张建良一直是国民党内反蒋的左派，却并不知道张建良早已加入中共，更不知道张建良的中共秘密情报干部的身份。因此，他们见面之后，谈话就比较随便、坦率，也几乎用不着戒心。张建良在转达了任庵对陈光彬的问候，并将任庵的亲笔信交给陈之后，便恳切地对陈说明他现在急需日本移交给国民党的那一批军用地图派用场，希望陈能够鼎力相助。张建良原以为要颇费一番唇舌才能说动陈光彬答应帮忙的。没想到陈光彬连多一句话也没有问，就痛快地向张建良表示：既然你和任庵先生这么信任我，我还能说什么呢，只能尽心尽力去办就是了。陈光彬如此痛快，使张建良深感欣慰。有陈光彬的支持，任务就算完成一半了。他觉得陈光彬确实是个聪明人，对国内政治斗争形势已经有了相当深切的了解与判断。他不向张建良询问要军用地图究竟做什么用，更不追问张建良究竟是怎样的政治背景，这正是他的聪明处。即便是万一出了什么问题，那性质也容易掩饰分辨，减少或减轻麻烦的程度。陈光彬最后向张建良说：他立即回南京去探听一下虚实，然后再到上海来和张建良一起研究下一步行动。

仅仅过了几天时间，陈光彬便回到上海和张建良见面了。他说，他已打听清楚，确有一批日本人移交给国民党的二万五千分之一军用地图，现藏于国防部二厅的一个专设的科里。这个科的科长正是他的学生程某。但是要动用或者是调出这批地图必须要经过厅长郑介民批准，这郑介民和已经死去的戴笠一样，可不是个好对付的人。

张建良和陈光彬反复研究商讨，认为通过正常渠道取图绝无可能。郑介民不会轻易批准，程科长也无法找到适当借口。看来只有智取，私下里同程科长搞交易，要求这位科长利用职务方便，将这部分地图偷偷取出，能取多少取多少。现在解放战争形势正在胜利推进，国民党内部已有人心惶惶之态，利用这一形势攻心为上，说动这位科长献图是完全可能的。

计议已定，陈光彬即返南京。他以老师的名义邀请程科长到自己家里做客，这位程科长接到邀请后简直受宠若惊，他正为战争形势的不断恶化和自己未来的前途而时时焦虑。正需要请他的这位已是军方上层人物的老师指点迷津。他于是备了一份丰厚的礼品高兴地来到陈家。在简单而实惠的家宴上，陈光彬高谈阔论分析了一番当前的军事形势，指出国民党在军事上连连失利的一个重要原因是战术运用不当，以致到处被动挨打。他说他目前正在联络一批有头脑的军事人才研究一种新的战术，要努力改变被动挨打局面，一旦时机成熟，就将付诸实施。陈光彬讲得头头是道，程科长听得津津有味。这位程科长忙请教老师：这新的战术究竟有什么特点？将在什么情况下予以运用？陈光彬回答说：这种新战术其实也并不是他的发明，只是对于国民党来说是新的，而对于共产党来说则已经是运用多年并且是行之有效的了。这就是游击战辅之于运动战，变被动为主动。他说，一旦国民党在军事上完全处于被动防守地位时，他就将重新组成一支新的军事力量，用游击战和运动战的战术来开辟新的局面，虽不一定能够力挽狂澜，但至少也可以创立一片新的天地，为自己赢得一个生存的空间。程科长又问老师：他自己在这方面能为老师做些什么有益的事。陈光彬说，他现在正在研究以后究竟在哪些地区宜于开辟新的战场，构筑未来的军事地盘。目前很需要一批有用的军事地图作研究参考。他说他知道国防部二厅内有这样一批地图。但他不想让郑介民介入此事以免发生麻烦。最后以关怀的语气对程科长说道："如果你愿意和我合作，为将来谋求一条新的出路，就希望你能利用职务之便帮助我取出一部分军用地图来。这些地图估计你们国防部一时也不会派上用场，把它们拿出来借用一下也不会有什么风险的，你看能够办到吗？”程科长思索良久，然后像似下了决心，回答陈光彬说：“既然老师这么信任我，我就决心跟随老师做一番事业。你需要的那些军用地图我可以分批给你拿来。这些东西躺在档案柜里已经三年了，也从未有人问起过，目前上面哪里还顾得上这些。你放心，即使有人问起，我也会应付好的。”

没有隔多久，陈光彬果然就得到了那批军用地图的大部分。并且秘密送到上海交到张建良的手里。张建良十分感动，再三向陈光彬表示，他和他所代表的政治力量将永远铭记这一历史功绩。

接下来的一个问题是如何将这批地图运出海关带回香港。因为潘汉年事先已有交代：一旦得手，地图要先运回香港交给华南分局然后再通过海上交通运到解放区去。这才比较安全可靠。然而从上海运回香港也不是一件轻而易举的事。因为这批地图不是一张两张很容易藏匿携带，而是共有数十张需要包装成捆的。当时国民党在前方连遭败绩，在后方就防范更严，海关对危禁之物的检查也不敢有疏漏。如果不以特殊办法就很难运出上海海关。为此，张建良苦思良策，多方探询稳妥之计。最后终于获得了一条最佳运输渠道：他通过一个姓季的非常可靠的朋友，利用他和西方某大国驻华使馆的特殊关系，诡称那一捆地图是一批商业秘密资料，将它和大使馆的外交邮件混在一起密封包装，利用外交邮件免检的特权，从而顺利地运到了香港。

这批军用地图后来在解放战争中所起的作用是毋庸赘言的。潘汉年知人善任，张建良功不可没！

1948年初冬的一天，华南分局接到周恩来的一封亲笔信。这封信是要当面送交给正在上海居住的宋庆龄先生的。信的内容大意是：奉毛泽东主席指示，全国解放在即，唯有先生仍滞留上海，中共上下均深感不安。兹派干员专程来上海，负责护送先生离沪赴港，然后北上……接到这封信后，华南分局自然十分重视，并专门为此开会研究。中央交下来的任务当然必须尽最大努力去完成，但问题是究竟派哪一位“干员”去执行这项重大而艰巨的任务最合适呢？这是关系到宋先生安危的大事，而宋先生在中国现代政治斗争中的特殊地位以及在国人心目中的重要地位是不言而喻的。完成这项任务不仅是要对这位伟大的政治人物负责，而且也是要对中国革命的历史负责的。稍有差错，又如何向历史交代。这个难题首先摆在了主管情报工作的潘汉年的面前。究竟由谁去好，得首先由他拿主意。经过慎重考虑，他又一次推荐由张建良去担当“干员”的重任。分局党委也一致同意了潘汉年的意见。

组织决定之后，潘汉年就约见张建良部署任务。张建良作为潘汉年的情报工作助手，从1939年到现在已达九年之久（中间有三年左右时间潘返回根据地而中断）。他们彼此的工作作风、性格特点可以说已经十分熟悉。潘汉年历来向张建良部署工作或交代任务都只有原则要求，具体方法和工作步骤以及其他细节问题一般从略。因为他非常了解并且相信张建良的工作能力和工作经验，用不着多说什么，也一定能够很好完成任务的。张建良也很佩服这位顶头上司的工作魄力和知人善任的气派，每有工作部署也总能心领神会，配合默契。但这一次却很例外，潘汉年见到张建良之后，竟一改往日部署工作只做原则指示的习惯，而是不厌其烦地向他交代了这项任务之如何重要，华南分局党委之如何重视，以及他到上海之后应如何具体进行工作的方法步骤，等等。这足以说明此次执行的任务，确实非比寻常。潘汉年向张建良交代说，宋先生住所的周围肯定已经布满了国民党的监视特务。他绝不可以直接投书，而要先去找宋先生的秘书，住在另外一个地方的柳无垢小姐（柳亚子先生的女儿）。请柳小姐代为转交信件，然后再和柳小姐约定等待宋先生的回复。潘汉年又再三叮嘱张建良，要他通过柳小姐转达以下的意思：中共领导人为了宋先生的安全，提出了郑重的邀请，但宋先生究竟将采取怎样的态度和步骤，一切均由她自己酌定。

张建良以一种崇高的使命感立即从香港动身再次冒险潜入形势已经十分紧张的上海。他找到一个安全的落脚点之后，就以高明的化装术按照潘汉年提供的地点和联络方法，迅速和柳无垢小姐接上了头，并且郑重地把周恩来致宋庆龄的亲笔信交给柳小姐，请她负责转给宋先生。

交出信件之后，张建良立即谋划下一个更为艰难的步骤：护送宋先生赴港的交通路线问题，包括是乘飞机还是乘轮船？无论是乘飞机还是乘轮船也都有航运公司选择和具体航班的安排问题。这些都需要高度保密和保证安全，不允许有一点儿闪失。因为宋先生的出走肯定会引起国内外的广泛注意，国民党政府的高层更会密切关注，蒋介石究竟会采取怎样的态度，是无可奈何听之任之，还是竭力阻止甚至采取更为卑劣的态度，这一切都不能不做好充分思想准备，并采取一切必要的防范措施。经过紧张策划，张建良最后确定：选择一家外国邮船最为稳妥。

然而事情的结果却出乎张建良的意料。数日之后他按照约定的时间地点和柳小姐见面后，柳小姐郑重地把一封信件交给了他，并说道："这是宋先生给周恩来先生的一封回信。请你设法转交。宋先生认为现在旅行不易，一动不如一静，她将留在上海欢迎解放。"听了柳小姐的这番话之后，张建良自然不好再说什么。潘汉年事先已有明确交代：宋先生是否经香港北上，将由宋先生自己酌定。宋先生决定一动不如一静，自有她的成熟的考虑。这次上海之行，虽然没有实际负起护送宋先生的重大任务，但已经把中共中央领导人对宋先生的深切关怀直接转达到了，也算是完成了一项重要使命。

由于携带这类高级领导人之间的信件需要保证安全，张建良事先已经得到组织上的同意，将原信拆开来另行做一番伪装掩护，同时被允许了解信件的内容。根据张建良的回忆，宋庆龄致周恩来的这封用英文书写的信件中有关她是否经香港北上问题，大致作了如下回答：接到大扎，敬悉伟大的主席和全党同志对我的安全的关垂，至为感谢。经长时间考虑，仍以一动不如一静为好，热烈地在上海欢迎解放，和诸公在上海握手。根据我的预料，蒋介石是无可奈何我的，请勿念。

第二十三章　运筹帷幄　指挥杨建平开通海上运输线

中共的情报工作有别于国民党和其他政治派别组织情报工作的一个显著特点，就是它往往是和党的统一战线工作互相结合进行的。通过情报干部开展统战工作，利用统战活动获得情报，可谓互相促进，相辅相成。潘汉年正是把情报工作和统战工作互相结合并且取得极大成功的典范。中共领导人也十分看重这一点，因而每每将这两项重要任务同时委托给他去执行。

从1946年秋天起，原在内地活动的各民主党派的成员和若干无党派的民主人士陆续转移到了香港。接待、安置、慰问、解决实际困难等，都在潘汉年的职责范围之内。首先是和其中的主要领导人物接触，帮助他们建立在港机构，开展活动。潘汉年先后分别会见了何香凝、李济深、彭泽民、马叙伦、许宝驹、陈此生、郭沫若、沈钧儒、章乃器、萨空了等人，一一同他们磋商，听取他们的意见，向他们提出建议。后来经与各方面协商决定，以各民主党派负责人和无党派著名人士的名义，定期（大都是两周一次）举行座谈会。潘汉年、方方和连贯几位同志同时或轮流参加他们的这种双周座谈会，在会上互相交换情况和意见，统一对于美蒋的斗争方针等。有时也提出一些具体问题，共同讨论研究决定。作为中共代表的潘汉年，在参与民主党派的活动时，总是态度诚恳，热情谦虚，实事求是，既积极为朋友们分忧解难，又从不空许诺言，搞虚与周旋那一套，因而赢得了人们普遍的尊敬和信赖。有一些在国民党官场里浸泡了很久的人，深为潘汉年的朴实作风所感动。因为对比之下，他没有丝毫的政客习气，而且表现了一个典型的知识分子革命者的风范。有人甚至这样说他是一个非常富有魅力的共产党人。这并非是溢美过誉之词。

有一位叫杨建平的民主人士，在香港有一定名气。而且有相当的经济实力。他曾经参加过十九路军的淞沪抗战，后来又参加了福建事变，是一位反蒋态度鲜明的人物。但此公在抗战期间，却在政治上出现了一段曲折。当时他在香港已积累有相当规模的资产，日本人占领香港后，为了保全自己的资产，他向日本人低头屈膝，以甘当顺民的姿态换得了一时的苟安。抗战胜利后，他对这段经历表示痛悔，决意改过自新，重新找到李济深、陈铭枢等人要求参加民主运动，并被吸收为农工民主党的成员。但不久他又感到光是参加一些一般性的民主党派活动还不足以表达他为革命效力的心意，便很想进一步靠拢中共，希望能够在中共的直接领导下为革命做更多有益的事。可是他又担心中共对他不信任，忌讳他是一个有过不光彩经历而且又是一个颇有资产的人物因而不予以接纳。潘汉年从侧面了解到杨建平的这些情况后，本着统战工作的一贯方针，就让人给杨建平捎话：中共对他的心意表示理解和欢迎，表示可以单独和他会见。杨建平听到潘汉年的这一表态后，十分高兴，立即以请教国是为名邀请潘汉年吃饭。潘汉年欣然前往。席间，杨建平一再恳切表示自己的愿望，潘汉年也一再重申中共的统一战线的政策是团结一切愿意反蒋爱国的人士，对历史问题采取向前看的态度。从而消除了杨的种种疑虑。此后，凡潘汉年有所指示或要求，他都能尽心尽力去做，实践他的诺言。

杨建平是一个很能干的人。根据潘汉年的授意，由他出面组织了一个“中国经济问题研究会”。他以这个机构的名义联络了一批香港工商实业界人士参与进步的政治活动。根据国内解放战争形势的迅速发展，潘汉年预见到解放区必将积极开展对外贸易活动，以输出解放区的传统土特产来换回紧缺的物资。潘汉年就指示杨建平说：“你们应该把眼光放远一点，不能仅仅只搞一些政治活动，还要准备开展一些经济贸易活动。现在国内战争形势发展很快，解放区不断扩大，必然会有越来越多的经济贸易方面的需求。你们对此应该有研讨和准备。”杨建平听了潘汉年的这些指示后，立即在经济问题研究会内部进行串联酝酿，并动员在香港工商界颇具声望的中华百货公司经理钟昆廷先生一起为推动同解放区的经贸活动做准备。不久，解放区果然派出经贸代表辗转到达香港，通过华南分局找到潘汉年，要求他帮助沟通香港与解放区之间的贸易渠道。潘汉年就把杨建平和钟昆廷找来和解放区贸易代表见面。他对杨建平、钟昆廷说：“既然是贸易，当然要互利。但目前解放区的经济条件还比较困难，你们如能本着支持革命的精神支持和解放区的经济贸易，我们是不会忘记你们为革命所做的贡献。”正是在潘汉年的直接关注指导下，首先开通了由杨建平出面组织货源与解决运输工具，首次开通了香港和解放区之间的贸易运输线。杨建平后来干脆把自己的一条机帆船免费出让给解放区烟台贸易机构使用。烟台方面只负责供应船员的生活费用。

随着解放区经贸要求的不断扩大，单靠杨建平自己的船只已经不能满足需要。潘汉年要求另想办法，杨建平便设法租用外国轮船担负解放区和香港之间贸易运输任务。租外国船很费劲，而且有一定风险。但利用外轮，挂上外国旗帜又有许多方便之处。正是从这一系列的活动中，潘汉年看到了杨建平真心诚意为革命做贡献的政治态度，对他也给予了更多的信任。后来，在完成从香港转移大批民主人士到解放区去的重大任务时，潘汉年便多次利用了杨建平租用的这些挂着外国旗的货轮。杨建平也始终尽心尽力，从未出现闪失。根据杨建平本人的再三恳切要求，潘汉年在报经中情部批准后还发展了杨建平为中共特别党员。

把杨建平这样一位原属统战对象的人物团结教育并吸收到党的情报战线上来为革命效力，充分显示了潘汉年的政治远见和工作魄力。杨建平在政治上获得了充分信任之后，又积极为革命做了许多的工作。

情报系统需要找一处顶层的楼房作为秘密电台的后备之需。张唯一向潘汉年汇报，说这是机要工作急于要解决的。杨建平得悉这一情况后，立即将他自己的房产选出一处，名义上是租赁，实际上不收租金。潘汉年将此房交给张唯一和另一位情报干部施必胜（施万青）去住，以备随时利用。

民主人士孙起孟与萨空了商量，要为黄炎培先生在香港出版刊物《国讯》，但经费困难，请潘汉年给予支持。潘汉年就动员杨建平给予资助。《国讯》办起来了，由萨空了任主编。一举两得：刊物发生积极影响，萨空了的生活问题也解决了。孙、萨两位对潘、杨二位自然是很感谢的。

1948年下半年，中共在港主办的报纸《华商报》在经济上因亏本而陷入困境。当时不得不靠募捐来维持。潘汉年鼓励杨建平出面，要他在其亲朋好友中为《华商报》捐款。结果得到了较大的收获，为《华商报》在经济上解了燃眉之急。这件事很使夏衍、连贯、方方等高兴。为此，潘汉年约了夏衍、饶彰风、连贯、方方等一起去杨建平家里吃了一顿饭，对杨的支持表示谢意，使杨建平受到了很大的鼓舞。

杨建平组织的“中国经济问题研究会”到1949年年初，已筹集了一笔数目不小的经费。他向潘汉年建议，单独成立一家贸易公司，制定招股章程，扩大资金来源，发展对解放区的贸易。潘汉年认为搞这样的公司，不仅在经济贸易方面有好处，同时可以为情报工作提供有利的掩护条件，表示同意。于是“裕华贸易公司”的牌子便挂出来了。由潘汉年挂董事长之名，杨建平任副董事长，具体掌握资金及财务工作的是情报干部张建良和董慧。这家公司一直到潘汉年奉调回到内地之后，还在香港和上海两地进行一些积极的活动。

1948年5月1日，中共中央发表纪念“五一”劳动节的口号，号召召开没有反动分子参加的新的政治协商会议，讨论成立民主联合政府。5月5日，中国国民党革命委员会、中国民主同盟等八个民主党派和其他的民主人士，通电拥护中共中央提出的关于召开新的政治协商会议的主张。但是这些民主党派的大部分头面人物都还留在香港。为了参加这次新的政治协商会议，需要有计划地将他们分批转送到解放区去。一部分分散在内地国统区的民主人士，也必须先撤到香港，然后再设法将他们转移到解放区去。这无疑是一项十分艰巨而重大的政治任务。关于执行和完成这一任务的情况与结果，中共中央在为潘汉年平反的文件中是这样评价的：“解放战争后期、党中央发出召开新政治协商会议的号召后，潘汉年同志对党的贡献尤为突出。当时，国民党特务云集香港，港英当局警戒森严，极力阻挠、破坏我方活动。在这样困难的情况下，潘汉年同志负责安排李济深、沈钧儒、黄炎培、马寅初、马叙伦、郭沫若、沈雁冰等大批民主人士秘密离开香港，转到东北、华北解放区，先后共组织二十多批，三百五十余人，没有一次失误。”当时参与其事的夏衍对这一重要任务的执行和完成情况，更有生动具体的叙述：

为了筹备召开新的政治协商会议，大批民主党派领导人、工商业家、文化界人士，都要从西南、西北、华中、上海等地转到香港，再由我们租船把他们送往青岛、塘沽、大连，然后到河北省平山集合。单是护送民主人士去华北这一件事，就历时一年多（从1948年到1949年3月），据不完全的估计，路经香港坐船到解放区的知名人士——如沈钧儒、黄炎培、马寅初、郭沫若、马叙伦、沈雁冰、叶圣陶，还有许多作家、演员，一位起义的国民党军长、一位西北军的代表，最少也有三百五十人以上。当时东北和华北一部分已经解放，所以我们可以租用外籍轮船开往东北，运出大豆、人参、药材、土产……在港澳市场卖出，然后买进解放区急需的西药、纸张、五金运回东北，也就趁此机会，让民主人士搭船北上。据我回忆，开始几次，国民党特务和港英当局似乎没有察觉。但是不久，当他们嗅到风声之后，就警戒森严，多方阻挠。这件事，用现在的话说，完全是由汉年同志“牵头”的，事无巨细，从要到华北去参加新政协的人士从内地到香港起，欢迎、宴请、商谈、帮助他们安顿家务，一直到妥善地送他们上船为止，他无时无刻不在为这些事操心。当时，方方、尹林平同志已经回到东江根据地，章汉夫已经调往刚解放的天津工作，剩下来的除了许涤新、饶彰风、乔冠华和我之外，连平时搞文艺、跑新闻、管经济的同志，也调来当旅馆经理、码头接送人员和勤杂人员了。特别是一张小报透露了李济深先生即将北上的消息之后，形势就格外紧张了。那个时候，五角大楼和唐宁街的决策人物，始终抱着一个“划江而治”的幻想，加上当时在南京当权的桂系集团也还在徘徊不定。因此，他们认为把李济深先生扣在香港，还不失为一个重要的筹码。尽管李先生那时已经下定了决心，用闭门谢客的形式来麻痹他们，但是李先生如何才能出走，倒真的成了汉年同志伤脑筋的问题。他办事稳，抓得细。租哪一家公司的船？船长、大副、二副对我们的态度如何？这一条船上有哪些人同行？有几个人认识李任公？人们带的行李有多少？万一要检查时会出现什么问题？等等，他都缜密地考虑。在他确定了最保险的方案之后，再商定实际陪李先生出门住旅馆、搬行李，乃至保卫、放风、随时向他报告消息的人选。他、饶彰风和我三个人在一家旅馆守着一架电话机听消息，直到听到“船开了，货放到大副房间里，英姑娘没有来送行”这个谜语一般的电话，才松了一口气。计划完全成功，李先生走了三天之后，报上才见消息，而这时他已经过了台湾海峡了。事后有人开玩笑说，这样干是会短寿的，他却笑着回答：“这时候睡不着觉的不是我们，南京、上海、华盛顿的人才难受呢！”假如一个人做的工作量可以用时间来折算的话，那么，这两年他大概做了四年或者五年的工作。

第二十四章　胜利在望　全面担当中共代表重任

中国人民解放军在1948年9月到1949年年初这段时间里，连续发动了辽沈、平津和淮海三大战役，并且取得了空前的胜利。整个解放战争和整个革命的形势随之发生了历史性的转折，正如毛泽东在1949年元旦为新华社所写的新年献词中所断言的那样，中国人民革命即将在全国范围内取得胜利，这一点甚至连敌人也不再有疑问了。

在上述的历史条件下，中共在香港这个担负对外联系工作的重要战略据点上的任务就更加繁重也更加紧迫了。但就在这时，中共在香港工作的领导干部却日渐减少，深感人手不足。原在香港工委担任领导职务的方方、尹林平这时被调往东江根据地领导那里的根据地建设和指挥那里的游击战争。原在香港工委担负对外联系任务的章汉夫此时已被调往天津。在这种情况下，潘汉年作为中央情报部和上海局在香港的代表，责任也就更加重大，工作也就更为紧张忙碌了。正如夏衍在回忆潘汉年的文章中所记述：

“当时，大局已定，蒋介石政府眼看要垮台了，于是各方人物（包括外国人）又蜂拥地要来向我们摸底、拉关系。大人物不必说了，连在内地有点工厂和房产的人，也要来了解共产党的政策。给他们看‘文件’不行，一定要见人；见人，则最好是见潘汉年。”潘汉年实际上成了中共在香港的最重要的代表人物，许多事必须由他出面处理才行。好在他一贯善于在几条战线上同时作战，他的能力又足以胜任各种纷繁复杂的工作任务。而正是从处理这些纷繁复杂的工作任务中，更充分显示了他的智慧与才华。

1948年冬，龙云先生脱离南京国民党政府逃到香港后，通过李一平与张建良的联系，潘汉年会见了龙云。会见时，潘向他表示了慰问，并鼓励他和李济深合作搞“民革”活动。龙云表示接受潘的建议。在谈到以后云南解放的问题时，潘希望龙云先生能够合作，龙云表示一定尽力。

1949年年初，正在德国担任国民党政府驻德军事代表团团长的黄琪翔回到香港。此时，大部分民主人士的头面人物已离开香港到解放区了。和黄关系密切的章伯钧已不在香港，黄琪翔一时无法。后经杨建平联系，由潘汉年出面牵线搭桥，邀集仍在香港的各民主党派人士聚会，将黄向大家介绍，同时由黄在会上表示了反蒋的决心。此后，黄琪翔正式参加了农工民主党的活动，不久也到了北平。

1949年年初，国民党由于在战场上面临着全线崩溃的不利局面而发动了新的和平谈判的攻势。桂系重要人物黄绍竑到香港活动，通过“民革”成员谭惕吾的关系要求会见潘汉年，以表明他对和谈问题的态度。潘汉年应他的邀请，在与黄绍竑有密切关系的黄恕之家里和他见了面。在谈话中，黄绍竑表示他愿与张治中、邵力子等一起从事和谈活动，但不知中共方面是否有异议，请潘汉年先向中共中央联系一下。潘答复说，可以代为向中央转达。后来，中央作了肯定的答复。黄绍竑这才和张治中、邵力子等一起到北京开始了和谈活动。和谈最后未能获得成功，黄绍竑便再回香港，不久发表声明，宣布脱离国民党政权，拥护中国共产党领导的中国革命。

在和黄绍竑接触的过程中，黄向潘介绍了黄恕之。黄恕之在港搞贸易工作多年，他要求潘汉年向天津介绍贸易关系，以便和天津方面进行贸易活动。潘汉年向他介绍了中情部在天津的贸易关系，并由中情部转来了天津的贸易订货单。黄恕之便直接租船运货去天津了。就在他们第一次开出的货船上，潘汉年亲自安排了何香凝老人和廖梦醒等人乘这艘船安全到达了天津，然后转赴北平。

也是1949年年初，金山忽然匆匆赶到香港。金山是中共秘密党员，他与国民党上层有密切的社会关系。他哥哥赵班斧、姐夫潘公弼都是政界或帮会中的要人，所以他一直利用这种关系从事党的秘密工作。他这次到香港通过夏衍找到了潘汉年，说他原先是同李克农联系的，在上海杜月笙那里为党搞情报。李克农曾关照过他，如因战事中断和李的联系，就让他去找潘汉年。他这次到香港来是向潘请示：章士钊在上海策动杜月笙参加和谈活动，杜已表示愿意，问潘可不可以。潘汉年将金山报告的情况向中情部发报请示。中情部答复说，潘可以继续与金山保持联系，指导金山的工作。关于杜参加和谈问题，则未作肯定答复，只说谈判中心是在北京，问题只能在北京解决，从而排除了杜月笙参加和谈的可能性。

国民党政府资源委员会是一个管辖着庞大资产的机构。它经办全国的煤炭、钢铁、石油、有色金属、机械、化工、电力、水泥、造纸等由国民党政府直接经营的一批大型企业。各厂矿的员工达六七十万之多，其中各种技术管理人才就有二三万人。还在1948年12月，蒋介石就亲自下令要资源委员会将其所属的在南京的大工厂撤迁到台湾去。当时的资源委员会委员长是著名的科学技术专家孙越琦。他具有正义感，不想把这些“资源”撤走，但又不能抗拒，就找借口拖延。根据中共地下党情况报告，潘汉年约请了资源委员会负责人到香港去见面，同时被约请的还有上海海关的负责人，他们也拥有相当的美援资产与器材，也不想往台湾撤退。于是潘汉年在香港和这两个机构的负责人进行了恳切的谈话，鼓励他们争取起义，为祖国和人民立功，同时和他们一起进行了细致的商讨，以对付国民党政府的撤迁措施。虽然蒋介石曾两次电令当时担任京沪杭警备总司令的汤恩伯督促资源委员会撤迁，但他们一直软拖硬顶着。后来，终于使起义获得成功。当南京、上海解放时，这两个系统的大批技术人员、美援资财以及档案资料都没有被国民党转移走，而是完整地移交给了人民政府。蒋介石得知资源委员会所属在南京的五大工厂一个也没有迁走，全部留给了共产党时，他长叹一声，恨恨地说：“孙越琦拆烂污！他不迁厂，又骗了我的钱（指撤迁费）。唉！”这两个系统的起义成功，对于解放后的经济建设起了重要作用。物质资源、人才资源，都是当时急需的。

国民党政府所属的中国航空公司和中央航空公司是当时中国最大的民航机构，拥有巨大的资产。当时这两家机构中的一部分有识之士，眼看着国民党政权日暮途穷，不愿意追随其逃往台湾，而在酝酿起义的行动。他们在香港的管理人员何风云等，通过关系找到了潘汉年，潘汉年同他们进行了多次接触商谈，进行了周密的起义准备工作。后来，当时机成熟时，这两家航空公司便在其负责人刘敬宜、陈卓林等的带领下在香港秘密宣布起义。“两航”从此归人民政府管辖。这件事不仅给了国民党以沉重的打击，而且对于新中国民航事业的建设起了重要的作用。

1948年12月16日，国民党空军直属八大队上尉飞行员俞勃驾驶B24式重型轰炸机在南京起义，直飞解放区的石家庄机场降落。这次起义行动是由中共南京地下市委策划，通过潘汉年系统在上海的秘密电台进行了一系列联络的结果。当蒋介石得知这一消息时，气得直叹气。因为就在这架飞机飞往解放区之前几个小时，他还亲自为包括这架飞机的驾驶员俞勃在内的几十位军事飞行员进行了晋级授勋仪式。谁知这个俞勃竟是一名中共秘密党员，还策反了另外三名机组人员一同起义。

形势的发展往往是出人意料的。就连蒋介石的亲信，当时担任京沪杭警备总司令的汤恩伯的老婆，也在人民解放军即将渡江作战的前夕，通过关系找到上海的中共地下工作人员，询问汤恩伯还有没有保全自己的道路。在上海坚持工作的蔡叔厚写信给在香港的夏衍，夏衍就去找潘汉年商量应如何答复。潘汉年仔细分析了汤恩伯的情况，认为此举未必是汤本人直接所谋，而可能是汤妻个人进行的试探。但也不妨尽力争取，以最大限度地减少解放军作战的阻力。于是潘汉年派张建良亲自去上海一趟，要蔡叔厚转告汤妻，鼓动汤恩伯先和解放军沟通关系，一旦条件成熟时起义，当可保全其利益。现在如能向我方提供一些情报，更可取信于人民解放军，先有谅解就有解决的办法。夏衍同意潘汉年的意见。当即由张建良去沪联络。后来终因汤恩伯未能改变其顽固立场而没有结果，张建良很快就回港复命了。

1949年，国民党政府已接近崩溃并开始从南京往广州、台湾等地撤退。这是国民党山穷水尽的又一个明显迹象，就连它的特工系统也有很多人不愿再跟着国民党走下去而另外寻求新的安身立命之地。有一天，前面已经提到的原汪精卫特工系统“76”号镇江特工站站长刘毅（徐汉光）忽然来到香港并通过关系找到了潘汉年。他向潘报告说，他是受胡均鹤的委托专程来香港请潘指引出路的。胡均鹤和刘毅当年对中共的情报工作，特别是在建立秘密交通线方面曾对中共有所帮助，潘汉年自然不会忘记这一层历史渊源。刘毅说，胡均鹤在抗战胜利后曾被国民党以汉奸罪逮捕入狱，不久前才被释放，现滞留上海。他们不想再跟着国民党跑了，决心弃暗投明，并且愿意帮助策反一支国民党的军队，希望潘汉年能够给予帮助。潘汉年根据人民解放军欢迎一切起义投诚人员的政策，又考虑到胡均鹤、刘毅过去和中共的那点历史渊源，就答应可以给予帮助。他要刘毅转告胡均鹤，他们可以直接到江北去找解放区的有关部门接洽。会见刘毅后，潘汉年便将胡均鹤将去投奔的事通过中情部通知了华东局情报部。后来，胡均鹤、刘毅果然找了华东局情报部，受到了情报部长扬帆的接待。

潘汉年是一位具有战略眼光的领导干部。这时他虽然身在香港，但对于党未来的全局性的工作问题也时常有所考虑。他当时也未必想到以后中央会调他去参加上海的接管和治理工作，但他却预见到上海这个中国第一大都市的接管和治理将是中共所面临的一大新课题和新难题。因而及早地为接管和治理上海做些准备工作是十分必要的。于是他从统战与情报工作的角度开始了未雨绸缪的活动。为了减少未来在接管和治理上海时必将遇到和可能遇到的阻力，他在1948年年底就会见了正在香港的上海帮会势力最大的头目杜月笙。同他谈了国内战争的形势和人民解放军必将在不久之后解放上海的前景。希望他和他的帮会势力能够认清形势。在上海解放前后安分守己，不搞阻挠和破坏活动。杜月笙知道国民党大势已去，上海即将成为共产党的天下。他自己虽然已经狡兔三窟，早早在香港安排了退路，但他在上海仍有很大一部分利益以及他的亲朋故旧之类，他也不能不予置理。因此当潘汉年同他谈及形势并向他提出要求时，他已心中有数，马上向潘表态说：请中共放心，我可以向潘先生保证，我和我在上海的朋友们一定会安分守己，遵守人民政府的一切法令。潘汉年也向杜月笙表示：只要你们不动，不闹事，采取合作态度，我们对你们帮会的上层人物也就不动、不杀。

杜月笙后来又将潘汉年同他谈话的内容向曾经是他的师父，仍留在上海的另一位帮会大头子黄金荣做了转达（中共上海地下党也向黄转达了类似的信息）。这时黄金荣已是年老多病，行动不便。但他也向中共方面做了和杜月笙同样的表态。

做好上海流氓帮会势力的分化和瓦解工作，以减少推进革命的阻力，减少社会的动乱程度，对于新生的革命政权的稳定与巩固，都是很重要的一步。须知上海的流氓帮会势力是不能低估的，盘根错节，占据着上海的各个社会角落，已有很久的历史，在上海近百年的历史变迁中一直起着重要的作用。1927年蒋介石在上海搞反革命政变，就是在很大程度上依靠了黄金荣、杜月笙等流氓帮会势力的支持而得逞的。潘汉年远在上海解放之前就积极着手这方面的争取工作，表明了他在政治斗争中的远见卓识。后来的实践也证明了这一点。

第二十五章　奉调新职　为情报生涯画上最后句号

1949年4月28日，一封由中央情报部部长李克农签发的电报从已经解放但尚未改名的北平发到香港。电报是打给中共香港工委机关的，内容是通知正在香港处理繁忙工作事务的潘汉年以及夏衍、许涤新三人立即离港赶赴北平接受中央交给他们的新任务。

潘汉年、夏衍、许涤新都是中共党内不可多得的人才。潘汉年不但擅长情报、统战活动，而且也是从事文化和政务的行家里手；夏衍既是著名作家又是著名新闻工作者；许涤新则专攻经济，和工商界有密切联系。中央点名将三位专家型的干部从香港召回，无疑将有更重要的使命要他们去担负。他们匆匆结束了各自在香港的工作后，立即启程乘轮船经天津赶赴北平。

潘汉年一行于5月7日到达北平当天，就赶到弓弦胡同李克农的住所报到。李克农当时是中情部长，是潘汉年的主管。他和潘汉年已经相知相识多年，和夏衍、许涤新也很熟，见到潘汉年等人来报到十分兴奋，立即让人来给他们合拍照片，并感慨地说："我们这些人大难不死，居然在皇帝老爷所住的北平见面了，应该拍照留念。"李克农热情地留他们吃饭。席间他们谈笑风生，畅叙阔别之情。饭后，李克农对他们说："中央调你们回来，是要你们参加即将解放的上海市的接管工作。陈毅同志已经来电催促。请你们抓紧时间做好赶赴华东前线的准备。但行前中央几位主要领导同志要分别会见你们，你们的具体工作也将由中央领导亲自交代。具体时间安排，由汉年同志和中办直接联系。"

5月11日晚，首先是周恩来约见潘汉年等三人。见面时，潘汉年首先向周恩来口头报告了三年来在香港的工作情况，重点是讲了各民主党派的活动情况以及大批民主人士先后离港进入解放区的经过，等等。周恩来听了汇报之后，对他们在香港的工作表示了充分的肯定。然后，就接管上海的工作对他们作了许多具体的指示。周恩来说："上海现在已经被我军包围了。你们的任务就是赶到丹阳，向华东局报到，跟部队进入上海。黄浦江上还有外国人，特别是美国军舰。进入上海之后，要做最困难的准备。准备美帝的军舰开炮，准备水电都被破坏，准备各种可能发生的混乱，你们都要在思想上有所准备。但是，有前敌党委和华东局的领导，有上海地下党的群众工作配合，困难是能够克服的。”最后，周恩来又向他们三人交代了各自的具体工作任务。他对潘汉年说：“中央决定你担任上海市常务副市长，分管政法、统战工作，你要当好陈毅同志的助手，做好各方面的工作，使中国这个第一大城市能够正常运转下去。”周向许涤新交代的任务是要他协助曾山搞财经接管工作，并负责民族资产阶级的统战工作；向夏衍交代的任务是要他负责文化教育系统的接管工作。

5月12日晚，毛泽东在香山别墅接见潘汉年等三位。接见时，主要听取潘汉年关于香港工作情况的汇报。毛泽东很注意当时港英当局对我们的态度。潘汉年回答了毛泽东的一些询问，最后，潘汉年等请毛主席对接管上海的方针政策作指示。毛泽东说，总的方针中央已经给陈毅、饶漱石发了电报，重要的一点是尽可能完好地保存这个工业城市，不要让国民党实行焦土政策。至于具体做法，可以按恩来给你们的指示办理。据夏衍回忆，那天接见时毛泽东的“情绪很好，一直面带笑容，在潘汉年作汇报时，他有几次很风趣地插话，使我有点感到意外的是他把汉年叫做‘小开’”。足见毛泽东对这位长期在敌占区做情报工作的干部是有很深刻印象的。

最后接见潘汉年等三人的是刘少奇。他谈话的内容主要是政法和经济方面的问题。他向潘汉年询问了上海青洪帮的一些情况。潘汉年便将在香港已和杜月笙接触过的情形以及黄金荣的表态向刘作了汇报，刘听了以后表示放心。他要潘汉年转告陈毅和饶漱石：先不要动帮会上层人物，观察一个时期后再说。

数日之内，中央三位主要领导人先后会见了潘汉年等三人并和他们进行了长时间的谈话，足见对于他们即将赴任的工作的重视程度。尤其是潘汉年，真有天降大任之感。他要去担负的新任务是要协助威名远扬的陈毅将军去接管和治理中国第一大都市上海。而上海接管与治理工作的好坏，又在很大程度上检验和标志着中共在取得政权之后治理城市乃至治理整个国家的能力。

5月16日，潘汉年等一行离开北平前往正驻在江苏丹阳的华东局和三野司

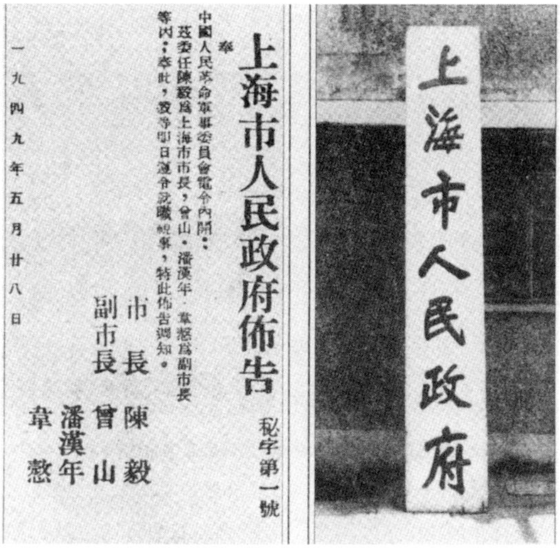

1949年5月28日上海市人民政府成立。这是上海市解放后最早启用的市政府牌子和一号布告。

令部报到。当时交通条件极为不便，5月23日他们才到达目的地。匆匆和陈毅、饶漱石等见面之后，5月27日，他们便和接管上海的队伍一起赶到上海开始履行新职。潘汉年的身上一下子压上了一系列的重担：上海市军事管制委员会秘书长、上海市人民政府党组书记，此外，还兼着华东局社会部、统战部和上海市委统战部的领导职务，本兼各职竟有七八个之多。好在潘汉年和他的顶头上司陈毅的关系一向不错，陈毅的大将风度和气魄以及在人际关系上的坦荡胸襟是众所周知的。因此他对陈毅十分佩服和尊重，陈毅对潘汉年也很信任很尊重。他们的合作在当时可以说是最佳的搭档。陈毅高瞻远瞩，敢作敢为，大刀阔斧；潘汉年精明干练，谦虚谨慎，踏实严谨。

潘汉年虽然分管许多重要的工作，但分管政法公安工作无疑是其中很重要的一项。上海这样的国际化的大城市，社会治安的问题尤其特别重要。社会的稳定，政权的巩固，人民生命财产的保障，这一切都有赖于政法公安工作的保证。而在解放初期的历史条件下，政法公安工作的难度又是特别突出的。谁都知道，国民党政府在溃败逃跑之前已做了所谓的应变准备，大批的特务被留下潜伏着，他们一定是要捣乱破坏的。已经逃往海岛的国民党特工机关还不断派遣他们的人冒险进入上海来和他们原有潜伏分子里应外合，从事破坏活动。上海固有的地痞流氓，恶霸盗匪之类，当然也不会甘心退出历史舞台，一定会乘机兴风作浪，为非作歹，扰乱社会。再加上国民党军队溃败后留下的散兵游勇趁火打劫。这一切都给上海的政法公安工作制造了巨大的难题。然而正因为如此，中央才将分管此项工作的重任交给了潘汉年，而由他来分管也正是顺理成章之事，因为他在上海从事对敌斗争、特别是在隐蔽战线上和敌人打交道的时间很长，上海方方面面的情况可能也是上层领导干部中最为熟悉的一位。

分管解放初期上海的政法公安工作，潘汉年的指导思想很明确，就是严格执行中共在解放区实行已久并且行之有效的对敌斗争的一系列方针政策，包括“镇压与宽大相结合”，“坦白从宽，抗拒从严，立功受奖”，等等。用现在的话来说，就是要两手都抓：一手抓严厉打击，一手抓政策攻心、分化瓦解，以减少革命前进的阻力，有利于整个社会治安的稳定和进步。根据这样的指导思想，上海解放初期的政法公安机关对各类反革命分子和各种破坏分子有计划有步骤地进行了几个战役的集中打击；与此同时，又采取了一系列政策攻心、分化瓦解敌对势力的举措，诸如大张旗鼓宣传号召登记自首，真正坦白交代者从宽，检举揭发有功者受奖等，如此两手都抓，双管齐下，所取得的效果是十分显著的。在较短的时间内，就使充满混乱与污浊的旧上海的面貌为之一新，社会秩序迅速得以恢复，人民的正常生活得以安定，新生的革命政权得以初步巩固，使帝国主义的预言家们关于中共不可能治理好上海这个烂摊子的断言破产。

潘汉年分管上海解放后的政法公安工作，实际上可以说是他解放前长期从事对敌斗争工作的继续。只是由于历史条件已经根本改变，敌我双方位置发生了转换，我们已从暗处转到明处，而敌人则相反，从而使我们获得了前所未有的优势。潘汉年在解放前的长期对敌斗争中，就深知利用敌人内部的矛盾，对敌实行分化瓦解的重要性。现在中共已经取得了政权，获得了强大的政治优势，他自然更懂得利用敌人的矛盾，实行分化瓦解的必要。在这方面，上海政法公安机关充分利用起义、投诚的各类原敌伪人员在解放初期的肃反对敌斗争中发挥了积极的作用。在潘汉年的同意和支持下，上海公安机关当时成立了一个以咨询为主的“情报委员会”机构，选用了一批重要的起义投诚人员，让他们提供线索，积极配合，从而有力地打击了国民党政府撤退时留下来的一批潜伏特务组织和其他一些分散隐蔽着的反革命分子。有的人起到了“活字典”的作用，为公安部门的侦破工作提供了有利的条件。已经被批准协助上海肃反工作的胡均鹤，为了表示立功赎罪，向我公安部门提供了一份“已予运用及可予运用之沪地伪两统人员表”，供我公安部门肃反时参考使用。这“两统”即国民党的中统和军统。类似胡均鹤这样的一批人员，在上海解放初期的肃反工作中是起了积极作用的。他们不仅协助公安机关清理、登记了一批自首的反革命分子，而且提供线索协助我公安机关侦破了一些敌特潜伏组织和地下电台。例如，在解放前夕起义的原敌特人员历培明，解

1950年10月，上海市第二届各界人民代表会议选举陈毅为上海市市长，潘汉年、盛丕华为副市长。

1951年1月，上海市市长、副市长暨人民政府委员会委员就职典礼合影（前排右六为潘汉年）。

放后，由他直接提供的敌特潜伏组织和电台的线索就有26处之多，为当时的肃反工作做了积极贡献。有的投诚的特务分子，还在公安机关有力领导下，直接参与破获过一些重大的案件。例如著名的刺杀陈毅一案，就是在一个自首投诚的敌特分子的积极配合下，才被及时破获的。

潘汉年在上海期间位于武康路99号的故居

上海解放前夕，国民党特务系统留下了大批的潜伏电台，这是谁都可以想象得到的，但很多人想象不到，在这些潜伏的电台中，有一些早就被我方所掌握，起着一种特殊的作用。这就是所谓的“逆用台”。在这些电台的工作人员中，有的是中共早就打进去的秘密情报人员，有的是在被我方破获之后迅速争取过来为我所用的。正是通过这些电台的往返电讯，使我公安机关能够及时截取不少情报，并掌握了敌方的许多动向，包括敌人向其潜伏组织所下达的指示，进行联络的任务等等。不言而喻的是，为了取得敌方的信任，我有关部门也必须编造一些既有一定价值，又不致造成多少危害的情报资料，不时地向敌方提供。这也可以说是必须付出的一点代价。

1951年6月，潘汉年在上海市人民政府人民监察委员会成立大会上讲话。

潘汉年是长期从事情报工作的专家。他很重视这些“逆用台”的作用。在他担任上海市领导并主管公安政法工作后，就指示原上海的情报系统负责人把过去已经掌握的“逆用台”继续很好地掌握起来，以充分发挥其作用。他在一个短时间内，还曾直接指导过一个由地下党员秘密控制的“逆用台”，以了解和掌握一些重大的敌情。这些“逆用台”所获得的情报资料，对于我公安机关掌握敌情，制定措施，有效地和敌人作斗争，确实起到了重要的无可替代的作用。

在分管政法工作期间，潘汉年还处理过一件和昔日情报工作有关的事情，并且显示出他在这方面的一贯胆识与魄力：原国民党军统重要头目之一邓葆光在接收汉奸资产时保存一批价值连城的文史古籍，这批宝贵财富在解放前夕被邓运到了香港。为了使这批宝贵财富归还到人民手中，潘汉年发挥了情报工作与统战工作的双重艺术，大胆地通过邓葆光的女友吴嫣的特殊活动，最终把这批文物古籍连同邓葆光先生本人一起动员从香港转到了北京。他亲自出面宴请被人称为交际花的吴嫣女士时，许多人很不理解，但当最后取得了重大的成功时，人们才不得不佩服潘汉年的远见与高明。

潘汉年分管公安政法工作、指导同暗藏的敌人作斗争，特别是他亲自掌握过个别由中共秘密党员控制的“逆用台”，以及处理过一些与情报工作有关的人和事，都可以说是他自1931年以来所从事的情报工作的一部分，或者说是一种延续。但是，随着历史的发展，中共工作重心的转移，潘汉年所担负

1954年5月，第一届全国人民代表大会期间，宋庆龄、陈云、陈毅、沈钧儒、潘汉年（前排右一）等上海代表合影。

的领导工作任务也逐渐起了变化。大抵从1952年起，他就更多地把精力转移到了经济恢复和建设方面。特别是在他协助陈毅主持大规模的“三反”“五反”运动，随后又担任了财经委员会的主任职务并分管市政建设工作以后，就几乎完全脱离了公安政法以及与之相关的情报工作。也就是说，他由此而为自己长达20年的情报生涯画上了最后的句号。

历史造就了潘汉年这样一位中共情报工作的英才，潘汉年同时为中共的情报史谱写了辉煌的篇章。

1995年12月8日初稿完成

1996年5月30日修改完毕

附录　“潘汉年、扬帆反革命集团案”始末

又一条爆炸性的新闻震惊海内外

1955年，在风云变幻莫测的中国现代史上，是一个多事的令人难忘的一年。让人惊心动魄的爆炸性的新闻接二连三地出现。

新春伊始，批判《红楼梦》研究中的倾向问题的战斗尚未偃旗息鼓，新的一轮批判胡风文艺思想及其所谓宗派小集团的运动便又迅猛展开了。全国大小报刊连篇累牍，以大致相同的语言重复着一种统一的声音。一场声势浩大的文化围剿，令国人受到强烈震动。

待到五六月间，《人民日报》相继公布了胡风的三批材料之后，形势急转直下，运动进入高潮。胡风和他的一批朋友们连升三级：从宗派小集团到反党集团，又到反革命集团。那权威的“编者按”宣称胡风集团“是帝国主义和蒋介石国民党的忠实走狗”，“他们的基本队伍，或是帝国主义国民党的特务，或是托洛茨基分子，或是反动军官，或是共产党的叛徒……是以推翻中华人民共和国和恢复帝国主义国民党的统治为任务的”。人们对此无不感到十分震惊。一批数十年间和中共同舟共济的著名作家和社会活动家，忽然都变成了罪大恶极的反革命分子，真是不可思议！

7月中旬，当人们还没有从全民声讨胡风反革命集团的喧闹声中沉寂下来时，又一条爆炸性的新闻引起了人们的强烈震惊和关注。7月16日，在全国人民代表大会第二次会议上宣布了已将原人大代表潘汉年逮捕的消息。罪名和胡风一样，也是因为“进行反革命活动”。第二天，这条消息就通过报纸和广播传遍全国以及海外。紧接着，便是各地各界人士纷纷表态，拥护对“反革命分子”潘汉年采取“革命”措施。在潘汉年原来任职的上海市更掀起了一场声讨和揭发运动。当地新闻媒介进行了连续的报道，造成了很大的声势。在揭发声讨潘汉年的同时，又将原在上海工作已被逮捕的另一位重要人物扬帆公开端了出来。罪名和潘汉年大体相同。他们二人被确认为是一起重大反革命案件的主犯，此后就被相提并论，称之为“潘汉年、扬帆反革命集团案”，简称

“潘、扬案件”或“潘扬事件”。

潘汉年，江苏宜兴人，1906年出生，1926年加入中共，历任中共江苏省委宣传部文化党组书记、中央宣传部文委书记、中共江苏省委宣传部长、中共中央特科情报科长、中央红军总政治部宣传部长、第二次国共合作中共谈判代表、中共中央社会部副部长、华中局情报部长、华南情报局负责人等职；解放后任中共上海市委副书记、上海市常务副市长、市政协副主席等要职。

扬帆，又名石蕴华，江苏常熟人，1912年出生。1936年毕业于北京大学，1937年加入中共。“八一三”前后在上海从事进步文化活动。1939年参加新四军，历任新四军军部秘书、军法处科长、处长等职。解放战争时期曾任中共华东局情报部长。解放后担任上海市公安局副局长、局长等要职。

“潘、扬案件”的发生之所以具有爆炸性的新闻效应，不仅在于他们二位都是资深的中共高级干部，曾经担任过许多领导职务，潘汉年更是一位久负盛名的风云人物；而且在于他们都是长期活跃在党的公安保卫战线上的领导骨干。换言之，他们都是老党员、老保卫、老情报、老公安，在人们的心目中，他们都是政治上最为可靠和最可信任的革命干部。然而现在，他们却突然被宣布为反革命罪犯，被当作革命敌人加以声讨和惩罚。这不能不引起人们的格外强烈的震惊。

这究竟是怎么回事？许许多多的普通人不免会产生这样那样的疑问，一些和潘、扬有过直接交往或是相知甚深的老同志和老朋友，更是深感困惑、难以理解、难以置信。一些著名人士后来在回忆当年听到潘汉年被捕的消息后是这样描述他们的心态的：

“突然听到广播说潘汉年是‘内奸’。当时，我真不相信我的耳朵的听觉！难道是真的吗？难道这位为党、为革命出生入死、奋斗数十年的老党员，竟然是一个‘内奸’吗？”（许涤新）

“晴天一声霹雳。他（潘汉年）成了‘反革命’，而且据说是个‘大坏人’……如何坏法？没公布，不知道。”（楼适夷）

“你（潘汉年）被‘推倒’的时候，大地的一角发出了闷雷似的巨响，良久，才像山谷中的回声，渐渐消逝……从早晨看到报上逮捕‘反革命分子’潘汉年的新闻之后，耳朵里一直嗡嗡地作响，脑子里混沌一片，眼前是一团灰

蒙。”（唐瑜）

“潘、扬案件”无疑是新中国第一起特大的“反革命案件”，虽然当时轰动全国的胡风“反革命集团”案也是大案要案，但胡案主要是发生在文学和意识形态领域内，实际上是所谓“思想犯罪”。而“潘、扬案件”则是发生在党和国家的核心和要害部门，并且涉及和牵连了一大批党政军干部，包括一些担任要职的领导干部。数月之间先后被捕的就有数十人之多，没有直接被捕而由原工作单位进行审查的还有一大批人。

“潘、扬案件”在香港、台湾以及其他海外各地也产生了不小的震动和影响。潘汉年既长期从事和主管过党的情报工作，又长期做过上层统战工作，他在海外的亲朋故旧不是少数。潘案发生后不能不在这一部分海外人士中引起某种负面反应，从而产生更多的疑虑。

知人善任，政绩斐然

1949年4月28日，正在香港负责党的情报工作和统战工作的潘汉年接到从北平打来的一封中央社会部部长李克农签发的电报。电报要求潘汉年和正在香港工作的夏衍、许涤新三人立即离港赶赴北平接受中央交给他们的新任务。

潘汉年一行到达北平当天，立即赶到弓弦胡同李克农的住所报到。李克农当即向他们交底：中央要他们参加即将解放的中国第一大城市上海的接管工作。李克农又对他们说：中央几位主要领导同志都要分别接见，你们的具体工作将由中央领导人亲自向你们交代。

中央领导同志对于潘汉年等三人的工作的确给了异乎寻常的重视。一周之内，毛泽东、周恩来、刘少奇先后会见了他们，听取他们在香港工作情况的汇报，又对于他们即将去上海的工作任务作了许多重要指示。他们每个人的具体工作，照例由知人善任的周恩来一一点名安排：潘汉年将担任上海常务副市长，协助陈毅，做陈毅的助手。夏衍将负责文教系统接管工作。许涤新将负责工商界统战工作。

潘汉年一行于5月23日赶到当时华东局和三野领导机关的所在地江苏丹阳县城。说来也巧，到车站迎接潘汉年一行的正是当时担任华东局情报部长、又是即将解放的上海市公安局主要负责人扬帆。扬帆和潘汉年已是老相识、老朋友了。1943年到1944年间，他们在新四军淮南根据地就有过一段共事的经历。其间扬帆在审干运动中曾一度被拘留审查。潘汉年正是负责扬帆一案的领导小组成员之一。经过近一年时间审查终于证明了扬帆的清白无辜。同时也使扬帆看到潘汉年的实事求是和真正爱护干部的宝贵品格。他们之间由此建立了一种真正的革命友谊。扬帆不仅把潘汉年当作上级领导，而且当作良师益友。

5月27日，潘汉年、扬帆随华东局和新组建的上海领导机关一起，在炮声枪声尚未停息时就赶到了上海，并开始了接管工作。潘汉年以军管会秘书长和常务副市长的身份全面挑起了协助陈毅工作的重担。在担负全面接管的艰巨任务中，他又侧重分管了十分棘手而对他来说又是不容推辞的公安政法工作。谁都知道他从20世纪30年代起就一直和上海党的保卫与情报工作有着长久的历史渊源。既熟悉情况，又有丰富经验，上级领导决定由他分管此项工作，正是知人善任的最佳选择。由扬帆在一线直接主持公安工作，同样也是上级领导知人善任之举。扬帆既在上海做过地下工作，又在新四军和华东局长期担任过政法情报工作的领导职务，也是既熟悉情况又具有实际经验的称职干部。

历史的实践充分证明，在华东局和上海市委的领导下，潘汉年、扬帆联手合作具体主持的上海解放初期的公安工作是取得了巨大成绩的。众所周知，国民党在被迫撤离上海前早就做了所谓“应变”准备，给这座中国第一大都市留下了种种巨大隐患。中统（当时改为“内调局”）军统（当时改为“保密局”）两大特务系统部署了大量的潜伏势力。后来又陆续从空中、海上和地面派遣特务进入上海从事包括暗杀中共党政领导干部等各种破坏活动。旧上海固有的地痞流氓和帮会恶霸势力当然也不甘心失去他们的昔日天堂，在新政权尚未充分巩固时，到处兴风作浪，制造事端，给新政权不断制造困难和麻烦。再加上国民党军队溃败时残留下的一大批散兵游勇到处流窜，为非作歹，扰民害民，给社会治安造成严重威胁。上述种种暗藏的和公开的敌对势力，都向新生的革命政权提出了严重挑战。这也就给人民公安工作提出了巨大而又艰难的课题。潘汉年分管下的上海公安机关根据上级党委和主管部门的统一部署，采取了一系列坚决有力的措施，卓有成效地开展了各种专项的斗争，给反革命分子和各类破坏势力的猖獗活动以沉重的打击，使各种敌对分子活动给革命政权和社会治安造成的危害程度不断削弱，从而为新政权的巩固、革命秩序的建立、社会治安的稳定提供了必要的保障。在较短的时间内，便把上海这个国民党留下来并且蓄意制造了混乱的烂摊子治理得井然有序，出现了上海历史上从未有过的良好局面，赢得了世人的普遍赞誉。诚如当年章士钊老先生在致陈毅、潘汉年的一封信函中所热情称颂的那样，他们对上海的治理是“宽猛相济，彪光盖世”的。不言而喻，在整个治理上海的过程中，上海公安机关做了大量的工作，发挥了关键性的作用。作为分管公安工作的领导人潘汉年和作为公安工作的一线组织者和指挥者的扬帆也是功不可没。

政策和策略的作用

上海解放初期公安工作之所以能取得世所公认的成绩，当然也并非是潘汉年、扬帆等几位主管公安工作的领导个人有什么特别的能耐。说到底，主要还是他们在工作实践中充分贯彻执行了中央统一制定的方针政策，发挥了政策和策略的威力。当时公安机关对敌斗争的政策和策略实际上是广泛宣传，家喻户晓的。诸如“镇压与宽大相结合”“坦白从宽，抗拒从严”“首恶必办，胁从不同，立功受奖”，等等。这些都是已被历史实践证明是行之有效的。中外古今的对敌斗争，尤其是在隐蔽战线上对敌斗争，也大都采取类似政策，即所谓“大棒加胡萝卜”是也。已具有丰富对敌斗争经验的潘汉年、扬帆等人当然深知运用政策与策略的重要。他们在贯彻执行上述政策与策略的原则时，一方面充分发挥人民民主专政机关的威力，公开地严厉地镇压了一大批罪大恶极的反革命分子和民愤极大的流氓恶霸分子，以显示人民政府除恶务尽的决心和力量；另一方面，又积极运用政策与策略的手段，利用敌人内部的矛盾，努力分化和瓦解一部分敌人，争取他们中可以争取的一些人转而为我服务，以便更有效地打击最顽固的敌人。因此，他们在建立一支强有力的自己的公安干警队伍并发挥其绝对主导作用的同时，还组织了一部分被称之为“特情”的人员作为一种辅助力量，协助公安机关开展工作。这部分人大都属于反正人物，是从敌人营垒中分化瓦解出来，或是起义、或是投诚、或是自首坦白较好有立功赎罪表现的各类人员。主要是利用他们对敌人内部情况的熟悉，向我们提供各种线索，协助我们开展肃反和进行侦破工作。谁都懂得，这是一种必要的辅助力量。实践也证明了他们所起的积极作用是不可缺少的。

正是根据上述策略思想指导，解放初期上海公安局在扬帆的主持下，组建了一个名为“情报委员会”的机构。其成员都是从敌人营垒中分化出来并经过挑选的。这些人大都是敌人营垒中的骨干分子，一般具有较高的身份。这也正是工作本身的特殊需要。因为只有这些人才能真正发挥提供咨询和参与侦破的重要作用。例如这个委员会的主任一职，就是由一位老牌特工人员胡均鹤担任的。

胡氏其人，经历十分复杂。他早年曾加入中共，并被派往苏联学习过。回国后一度担任社会主义青年团的中央书记兼组织部长。1932年他被“中统”逮捕后在酷刑下自首叛党，成了“中统”特务。1939年他在上海被汉奸李士群的“特工总部”逮捕后，由于和李士群有大致相同的经历，便投靠李士群，并被委以重任，成了李士群的重要助手。当李士群被中共情报机关策反，表示愿意为中共提供一些情报和帮助中共做一些事情时，胡均鹤被指派为和中共的联络人员。1942年，李士群答应帮助中共要人刘晓、潘汉年等从上海撤往新四军根据地时，正是由胡均鹤负责安排并派人将刘、潘一行护送越过封锁线的。抗战结束后，胡均鹤再度被中统所用。1949年年初，中统在撤离南京、上海前将胡留下，指定他担任京（南京）沪地区潜伏组织的负责人之一。但胡均鹤眼看国民党大势已去，便决定弃暗投明，派人到香港和中共代表潘汉年取得联系，表示愿意投奔解放区，并愿意帮助策反一支国民党的军队。潘汉年本着情报工作的一贯策略，又考虑到胡均鹤在抗战时和中共的那点历史渊源，便将胡均鹤的情况与要求电告华东局情报机关，请他们接洽。华东局情报机关经考察后，报请华东局领导和中央社会部批准，决定将胡留在解放区，作为“特情”人员准备让他参加上海的肃反工作。胡均鹤又向我呈交了一份“已予运用及可予运用之沪地伪两统人员表”，这对于解放后的上海肃反工作是具有重要参考价值的。因此，扬帆在组建“情报委员会”机构时，在报经华东局和市委领导批准后就任命胡担任了主任一职。

在当时的历史条件下，类似胡均鹤这样的或起义、或投诚、或自首争取立功赎罪的敌特人员数量是不少的。上海公安机关根据这些人的具体情况，区别对待，适当予以利用。除建立“情报委员会”这样的机构吸收一部分人参加工作外，还另外安排了一部分人在社会上作为“工作关系”以发挥他们的特殊作用，为整个公安肃反工作创造有利的条件。例如1949年年底，公安机关在破获国民党派遣特务刘全德阴谋杀害陈毅一案时，就是起用了一位向我投诚自首后被当作“工作关系”的原国民党特务高激云，利用他过去和刘全德的相识，从而发挥了积极的作用。有一位叫厉培明的原国民党特务，在上海解放前夕参与了起义行动。上海解放后被吸收参加了公安肃反工作，先后提供了二十多个线索，为侦破工作作出了重要成绩，并受到了公开表扬。

应当承认，在运用上述各类反正人员时公安部门虽然也经过了一定的审慎挑选，尽量避免大的疏漏。但阶级斗争和政治斗争的常识告诉我们，不可能完全不出现一点问题。被运用的反正分子中不可能百分之百都会真心实意为我效力的。我们有分化、争取和利用敌人的策略，敌人也就一定会利用我们的这一策略反过来利用我们。这就必然会有极少数表面上向我投诚自首而在暗中仍受敌人控制的特务分子钻进来继续与我为敌。无论我们怎样防范，这种现象或称负面效应，事实上难以完全避免。但从总体上说，这类人是极少数。他们的存在并不能抵消我们在分化利用敌人的策略方面所取得的成绩，更不能因此而怀疑和否认这一策略本身的正确和必要性。

风起于青萍之末

1950年冬天，南方某省公安机关发生了一起被控制使用的“特情”人员叛变投敌的事件，造成了比较严重的后果。中央有关部门为此发出通报，要求各地公安机关引以为戒，提高警惕。同时对负有领导责任的有关人员进行了处分。

不久，即1951年年初，中央公安部的主要负责人到上海视察和检查工作时，有人向他反映：上海公安机关在控制使用“特情”人员工作中也存在类似南方某省的隐患。这位负责人据此对上海公安机关提出了批评。特别是对于建立那个“情报委员会”和任命胡均鹤担任主任一事深表不满。于是下令对这方面的问题进行专门检查。

在正常情况下，上级领导要求对下级机关某一方面工作进行检查，以便发现问题，总结经验教训，改进工作，这本来是一件好事。遗憾的是，由于当时主持和参与检查工作的某些人在思想认识和工作作风方面都存在一些问题，已经受到了正在滋长着的某些“左”的思想情绪影响，因而使检查工作本身出现了一些明显的偏差，缺乏真正实事求是的精神和客观严谨的态度。

经过一段时间的检查，据说发现了以下三个问题：一是“重用”了一批起义投诚或自首立功的“特情”人员。特别是对于那个情报委员会的工作有过于“放手”、“使用不当”、“内外不分”的现象，任命胡均鹤为主任更是原则性错误；二是让一大批投诚自首的特务和反革命分子继续留在社会上当作“工作关系”加以使用，所采取的控制措施又并不很得力，致使其中的一些并未真正洗心革面改恶从善分子钻了空子，干了一些坏事，造成了不良影响；三是被控制的“敌台”（即所谓“逆用台”）有掌握不力、运用不当问题。1950年春天敌机对上海进行大规模空袭时，其中2月6日这一次对上海电力公司等一批工厂企业的轰炸损失最为严重。而恰恰在此前不久，一个被控制的“逆用台”曾向敌方提供过一份有关上海电厂等企业生产状况的“情报”，因而怀疑这其中有因果关系。

按说，检查者在检查过程中发现并提出上述问题，也是属于正常的可以理解的，至少在检查工作的前一阶段是如此。对于上述问题，上海公安局的有关领导人曾经在会上会下做过多次的说明，既有诚心诚意的检讨，也有实事求是的辩解。他们承认在利用“特情”人员的工作中确有某些控制不力、乃至麻痹疏忽的缺点和失误。但在原则上、在指导思想上，他们是清醒的。在建立那个“情报委员会”时，曾明确规定过一条原则，即委员会的工作是“只能动口，不能动手”，就是说“特情”人员主要是提供情况，提出建议，并不直接参与侦查、捕人、审讯等实际活动。当然在具体执行过程中，也确实出现过个别“内外不分”的情况，这是他们掌握不严的失误。关于将一批投诚自首的敌特人员放在社会上当作“工作关系”运用问题，从政策和策略的原则上说是允许的、必要的，并且确实发挥了积极作用。只是在具体工作的某些环节上，抓得不严不紧，以致出现了某些失控现象，这是教训。关于对“逆用台”的掌握与使用问题，他们解释说，当时“敌台”情况十分复杂，数量也相当不少。被我们所控制的“逆用台”仅占全部“敌台”的一小部分。这些“逆用台”情况也各不相同。有的是在被我破获后经过迅速争取转变过来为我所用；有的则是早就由我地下人员秘密打入而后被我所掌握利用的。既是“逆用”，为取信于敌方就不能不提供一定数量具有实际内容的“情报”蒙骗敌方。1950年春天敌机空袭上海时，具体空袭目标究竟是由“逆用台”不慎所提供，还是由真正的“敌台”所提供，一时也难以准确判断。至于2月6日这一次轰炸上海杨树浦电厂等目标和那个“逆用台”此前不久所提供的“情报”是否有因果关系更不能轻易下结论。因为那个“逆用台”正是由我地下党员秘密打入后掌握的。再说，上海刚解放，杨树浦电厂在上海工业生产中的重要作用及其地理位置等，敌方是很清楚的。敌人选择电厂作轰炸目标，未必和某个“敌台”临时提供“情报”有必然联系。（后来的历史事实也果然证明“二六”轰炸和那个“逆用台”的所谓“情报”并无关系。而是由军统的一个潜伏台直接活动的结果。）

上海公安局有关领导对于上述问题的检讨和说明，如果主持检查工作的人们能够冷静地实事求是进一步做些调查分析，是不难得出比较客观公正结论的。不幸的是，当时主持检查工作的某些人并没有去做深入过细的工作。而是对上海公安局领导人的检讨和说明持一种直觉的反感态度。熟知内情的人都知道，公安局主要负责人、直接主持肃反和掌握“情报”工作的扬帆是一位个性极强，曾有“怪癖才子”之称的角色。他对工作缺点失误的检讨和说明，被认为是很不虚心，自以为是，是在和上面“顶牛”。据说一位上级领导人对扬帆的“自高自大”、“恃才傲物”颇为介意。

当然，主要的原因还是由于“左”的思想倾向当时已经在检查工作中形成了气候，一些人已在奉行宁“左”勿右的哲学。加上扬帆个人的所谓态度以及人际关系紧张因素，等等，因此，在后来的继续检查过程中，上述几个问题非但没有及时得到澄清，反而被紧紧揪住不放，并且被主观片面地夸大甚至扭曲。于是，本来是属于普通的工作缺点失误便逐渐被上纲上线升级为严重的政治事件。

升级：一般的工作失误成了严重的政治事件

也许我们不得不承认，检查并发现工作中的缺点失误，从全局和长远角度来说是一件好事，但从局部和眼前某些人的利害关系来说，情况就比较复杂和微妙了。照理，检查者和被检查者在根本利益上是一致的，都可以说是为了革命，为了人民。但人们不应忘记鲁迅先生早年就曾经尖锐指出的那种“指责别人不革命以显示自己最革命的一贯正确”的人在革命队伍里始终没有绝迹。这些人总是经常占上风，交好运，处于有利的地位。“左”的思潮最容易被这些人所接受并被视为武器。宁“左”勿右成了他们的处世哲学和官场活动的行为准则。上海解放初期的公安工作被查出了所谓重大问题，在一些人看来，这就证明了主持检查工作的人们政治立场的坚定鲜明，阶级斗争观念特强，革命警惕性特高等优势，而且最重要的是印证了上级领导人下令检查的远见卓识。正是沿着这样的思维定式继续深入检查下去，那“收获”和“成绩”果然也就越来越大了。

又经过一段时间的检查、分析、研究之后，前面所述的几个问题虽然在事实材料方面并没有什么新发现，但在思想认识上却有了新的“突破”，达到了新的“高度”。为此甚至不惜夸大事实，任意上纲，从而获得了耸人听闻的轰动效应。在检查工作基本结束时，关于上海公安局在利用反正人员参与肃反斗争工作中所犯的错误竟得出了如下的结论：“重用、包庇和掩护了特务分子反革命分子达三千三百多人。”虽然在具体解释时，也还加上了某些限制性词语，如说“不管主观上是否意识到……但在客观上实质上是……”等等。这“重用、包庇、掩护”的定性词语，谁都知道是非同小可的。这当然已不是一般的工作缺点错误，而是严重的政治事件了。那“包庇和掩护”的概念事实上已经包含了某种可疑的主观动机在内，那是随时可以继续上纲升级的。这也就为后来强加的严重罪名埋下了伏笔。

然而还有一个值得推敲的可疑之点：所谓“重用、包庇、掩护”云云是可以由人们的主观认识和觉悟水平来定性的。但那“三千三百多人”的具体数据又是怎样被调查和统计出来的呢？正是这“三千三”的数字才足以引起人们的震惊和高层震怒的。可惜这“三千三”的数字并非是真实的计算结果，而是想当然的主观推测，或者说是道听途说的编造。关于这“三千三”数据的来源，似乎一直就没有一个确切的说法。有人分析说，当初检查时大抵是把上海和华东某些地区所有曾经被运用的各类起义、投诚、自首等反正分子，都统统计算在内了。虽然这些人的大多数在协助公安机关肃反工作时确实发挥了一定的积极作用，但检查者仍然要从“左”的视角出发，认定所有这些人都应包括在被“包庇和掩护”之列。然而即便如此，许多人认为“三千三”数目仍是被夸大了的。因而始终怀疑这数字的准确性及其来源可靠性。事隔三十多年，即在“潘、扬案件”已被平反之后，才有人说出了这数据的另一种可能的来源：原来上海解放初期在利用反正人员参与肃反斗争时的确起了很大作用，有一位干部当时在同局长扬帆开玩笑时，说他善于利用各种社会关系进行工作，物色了各类人物为我所用，就像春秋战国时代孟尝君门下有食客三千一样。而且说他比孟尝君养了更多的食客，不止三千而是三千三。于是有人当场附和随口就诌出了两句打油诗：“扬公门下三千三，尽是鸡鸣狗盗徒”，结果是引起了众人的一阵大笑。据说就是这两句打油诗后来被传到了某领导人耳中，最后就由此定论。若果如此，岂不荒唐可笑。

作为人民民主专政工具的上海市公安局竟然犯下了如此严重的大错，主管局长扬帆当然逃脱不了直接的领导责任。况且这个“怪癖才子”的认错态度又不能令领导人满意。因此扬帆受到了更严厉的批评，被迫离开了工作岗位。不久，即1953年年初，扬帆不幸患了脑肿瘤，国内医疗条件欠佳，组织上便决定让他去苏联治疗。这一去就是近两年时间。

事情的变化和发展当然还有一个过程。上海公安局和局长扬帆虽然已被认定犯了“重用、包庇和掩护”特务和反革命分子的重大政治错误，但在相当长的一段时间内，其错误性质仍然被界定在工作问题范畴之内。无论是上级领导机关还是主管部门的领导人，虽然存在着偏听偏信的错觉，但对于所谓“错误”的性质，仍然持比较慎重的看法。例如在一次全国性的公安工作会议上，上级领导机关就曾明确指出上海公安工作中出现的问题是属于工作性质的错误。当时上海市委的主要负责人陈毅也曾指出，对于公安工作中出现的问题“应根据隐蔽战线的特点和规律实事求是来分析，不能简单地对待”。组织上决定让扬帆去苏联治病和疗养这件事本身也可以说明当时还并没有把他的问题看得过分严重，至少还没有把他划到敌人那边去。

再升级：扬帆被打入另册

问题的复杂化和进一步升级，始于1954年的春天。这一年年初，中共党内发生了“高饶事件”。饶漱石被指控追随高岗，并与高结成反党联盟进行篡夺领导权的阴谋活动。中央有关部门开始了对饶的全面审查。

审查的其中一个问题是在接管上海前夕批准任用原国民党特务胡均鹤参加公安肃反工作，后又批准同意让胡担任公安局“情报委员会”主任职务。在饶的一系列罪名中又增加了“重用和包庇”特务胡均鹤一条。而且又不止是胡一个人，联系到上海公安局在利用投诚自首人员工作中的整个问题，尤其是所谓“包庇和掩护”了“三千三百多”特务和反革命分子，饶漱石作为华东局的主要领导人当然要对此承担罪责。

因此，1954年的秋天，围绕上海公安局的所谓“重用、包庇和掩护”特务反革命的问题，中央公安部门正式立案开始了全面侦查工作。刑事调查代替了过去的工作检查。当事的关键人物之一胡均鹤被从上海弄到北京，并被隔离审查。在审查中，胡承认国民党特务机关在撤退前将他留下来是要他执行潜伏任务，并且曾指示他尽可能打入中共内部。但是他眼看国民党大势已去，又因在历史上曾与中共有过渊源，为中共做过一些有益的事，因此他无意再为国民党效忠卖命，便决意改弦易辙，弃暗投明。他在投奔解放区之后，就向中共情报部门提供了一些重要情报资料，以争取立功赎罪。

胡均鹤这个人无疑很复杂。但是对他进行审查时在认识和处理上却多少有些简单化了。只是片面强调了他的奉命潜伏和敌特机关要他打入中共内部的意图，而忽视了他为形势所迫决意投诚争取立功赎罪的表现。不久，就按潜伏特务的罪名将他正式逮捕。

胡均鹤的问题成了一个重要突破口。他的身份和罪名的确定，不仅证实了批准重用他的饶漱石的罪责，而且也加重了直接主管者扬帆所必须承担的责任。原先说他的问题属工作性质错误，现在似乎也不够了。他被认为是忠实积极执行了饶漱石的意图的。而且，以此为导火线，他和饶漱石的问题竟被挂上了钩。众所周知，扬帆从1939年进入新四军起，之后在华中局和华东局，一直就和饶漱石共事，受他的领导。虽然饶漱石在整风运动中曾经把扬帆整的够呛。扬帆对他的为人也并无多少好感。但他们既是工作上的上下级关系，当然就有很多联系。不言而喻，在许多包括政策性的重要问题上，他们也不可能不是一致的。于是，如此这般，挂钩上靠，扬帆便被划入了饶漱石反党集团的成员之一，由此打入了另册。1954年的最后一天，当扬帆正在上海家中休息养病时，突然被叫到上海市公安局，当晚即被扣押。过了两天，他也被押往北京接受隔离审查。从此开始了漫长的监狱生涯。三个月之后，在党的全国代表会议上，党的最高领导人在谈到高饶问题时，便直接点了扬帆的名，明确地把他列入了饶漱石的反党联盟之内。数天之后，他被正式逮捕。其主要罪名，自然还是“重用、包庇和掩护”特务分子和反革命分子“三千三百余人”。

始料未及，潘汉年成了“反革命集团”首犯

山雨欲来风满楼。一场新的阶级斗争风暴即将掀起。领导人已经成竹在胸，打击暗藏的反革命势力的计划正在酝酿出台并付诸实践。

就在这次会议上，在揭露和解决高饶问题时，上海公安局的所谓“重用、包庇和掩护”反革命的问题已经被作为一起重要政治案件提了出来。前已述及，此案的专案机构早在半年前便已建立并开始工作。主要当事人扬帆、胡均鹤以及“背后”的饶漱石都已先后受到追究和查处。然而就在会议结束后的第三天，即1955年4月3日，此案案情发生了令人意想不到的戏剧性的变化和发展。和此案虽有一定联系，但却一直并未被卷入其中的潘汉年在这一天突然被捕。随后，潘汉年便成了此案的首犯。后来在对外公开宣布时，被正式定名为“潘汉年、扬帆反革命集团”案。

这一突然的变化是怎样发生的呢？其过程大致是：上海解放初期，潘汉年作为市委副书记、常务副市长曾负责分管公安工作。扬帆在公安工作中所作的各项决策和采取的若干措施原则上也都得到过潘汉年的同意与支持。但当公安局被检查出有所谓“重用、包庇和掩护”反革命的问题时，首先是扬帆被抓住不放，后来才又挂上了饶漱石。在长达四年之久的反复检查、审查过程中，潘汉年一直被认为并无直接责任。因此，他除了在某些场合从领导工作

角度做过一些自我批评、主动承担部分责任外，从未被牵连进去。他一直继续留在华东局和上海市的领导岗位上。后来在分管财经建设工作中，工作成绩依然令人瞩目。特别是在协助陈毅主持“三反”“五反”运动时，他对政策的把握和处理问题的稳妥受到了各方面的一致好评。1955年3月中旬，他到北京时是以党的代表兼上海党的代表团负责人之一的身份来出席党的全国代表会议的。会议期间，他参加了会内外的一切正常活动。只是到会议临近结束时，党的最局领导人在会上号召所有与高、饶反党联盟有过某种联系或是有所牵连的干部应主动向中央或口头报告或写出书面材料作出交代时，潘汉年在思想上受到很大震动。他感到上海公安工作中的所谓“重用、包庇和掩护”反革命问题既已被定性为一宗政治案件，扬帆也已被定性为饶的反党联盟成员，那么，他和扬帆、饶漱石都是有过直接工作联系的。在所谓“重用、包庇和掩护”反革命分子问题上，他自然也有一份难以推卸的责任。那个关键的当事人胡均鹤正是由他介绍到解放区去投诚的。如今出了问题，他也不能毫无关系。尤其是他和胡均鹤在抗日时期就有过一段特殊的联系，当年他在策反汉奸李士群的过程中，胡是一个重要联络人。1943年夏天，他从新四军根据地到上海和李士群联系时，李曾借胡将他拉到南京去，并且不经商量便强拉他去会见汪精卫。此事他在回到根据地后，由于种种原因也一直没有向中央报告过。现在，事隔十二年之后，当初参与其事的胡均鹤既已被逮捕审查，自然会将当时的有关情况向有关部门一并交代。会见汪精卫一事虽然自己并无大的过错，但长期未将此事向组织报告，这就是一个很大的错误了。经反复考虑，潘汉年决定响应领导人的号召，在会议结束的第二天鼓足勇气向中央写了一份材料，将他和胡均鹤在抗战时期有过的联系以及被强拉去会见汪精卫的经过一一作出交代，检讨了自己长期未向组织报告的错误。材料写好后潘汉年就去找出席会议的上海代表团团长陈毅，当面向陈作了汇报，并请他将那份材料转呈中央。陈毅听了潘的汇报又匆匆看了材料后再安慰了潘汉年几句，立即将材料直送中南海毛泽东主席处。当天，中南海就作出了立即将潘汉年逮捕审查的决定。其罪名有二：一是潘在抗日时期秘密会见过汪精卫而又长期没有向组织报告；二是潘在“重用、包庇和掩护”胡均鹤等特务分子问题上负有直接责任。据此，潘汉年被认定是隐藏在中共党内的“内奸”人物。

潘汉年的突然被捕，不仅潘本人始料未及（他原以为只会受到严厉的批评或是纪律处分。在上交材料之后便打点行装准备返回上海），就是参与其事的陈毅、罗瑞卿等高层人士也是始料未及的。陈在听了潘的汇报后曾安慰潘，要他思想不要紧张。罗瑞卿在接到中南海的指令要他执行逮捕潘的任务时，“出于对隐蔽战线上秘密工作性质的了解”因而对潘汉年的问题便有“一些微弱不同的看法”。只是由于中南海的决定只能无条件地执行，于是才有4月3日由他亲率干员前往潘汉年下榻的北京饭店将潘汉年诱捕。

潘汉年、扬帆反革命集团案的定性，正好成了计划在全国开展内部肃反运动的突破口。到了7月初，中南海在一份“关于展开斗争肃清暗藏的反革命分子的指示”中便论证说：“随着我国社会主义事业的进展，阶级斗争必然日益尖锐化和复杂化……潘汉年、扬帆事件，胡风事件，就是这种阶级斗争状况的反映。这些事件表明，帝国主义、蒋介石匪帮和资产阶级中的反动分子，还在采取各式各样的方式，加紧进行他们反革命阴谋破坏活动。”

“理论”与“实践”在这里得到了“统一”的验证。

骇人听闻的三顶“大帽子”

潘、扬反革命集团案自1955年4月定性后，随即在中央高层人士的直接领导（以五人小组形式）和主管部门的具体掌握下开始了进一步的侦查审理工作。但此案的侦查审理工作却经历了一个漫长的曲折和反复的过程。这一过程不但反映了我国公安政法战线自身的艰难曲折的发展道路，同时也反映了我国整个政治历史发展的艰难曲折历程。

对潘汉年案的审理工作无疑是难度很大的。这位1926年就入党的老党员，在长达近30年的革命生涯中既担任过党的中央保卫机关和情报部门的领导工作，在隐蔽战线上长期独当一面，与敌人反复周旋较量。又受党中央的派遣和委托，长期从事党的统一战线工作，以中共代表的身份公开或秘密地和敌人或朋友打过多年交道，和许许多多的高层统战对象有着密切的交往。他还曾经在左翼文化和宣传战线上担任过党的核心领导职务，和许多著名的左翼文化人有着广泛的联系和亲密的往来。要从各方面全面审理清楚潘汉年的经历，的确是一项十分艰巨的任务。调查和取证工作就非常之难。许多当事人和知情人现在都是身居高位的领导干部或是知名度很高的社会活动家。他们即使知道上面已给潘汉年定性为“内奸”的情况下，也都不可能没有根据地为潘提出什么新的“罪证”材料。个别刚直不阿之士甚至对上面定潘为“内奸”一事提出质疑。潘的顶头上司之一李克农就曾列举数条反证材料为潘辩解，提请中央慎对此案。可惜，就连这样高层权威人物的不同意见，也未能引起应有的重视。

潘汉年一案的审理工作难度虽大，但经过上上下下的共同努力，终于还是在两年多的时间内，即到1957年秋后，基本上结束了。其结果如何，几乎早就可以预知。因为事实上是已经先由上面定了性，然后才进行审理调查取证的。审理的任务和过程，不过是为了证明上面定性的正确罢了。因此，审理的结果竟是给潘汉年正式戴上了三顶非常吓人的“大帽子”。除原在逮捕时已定下的“暗藏在中共党内进行反革命活动的‘内奸’”外，又进一步加上了“国民党特务”和“日本特务”两项大罪名。

这真是骇人听闻和令人不可思议：一位在党的直接领导下工作战斗了数十年的老共产党员，一位在党内外都很有名气的党的高级干部，原来竟是这样一个可怕可恶的“敌特”人物。

为什么会有这样的审理结果？在当时的历史条件下，原因不外以下三方面：一是个人迷信已经盛行，凡事“唯上”而不“唯实”。潘汉年案是由上面定的，而且是由党的最高领导人直接定的性，自然便被视为绝对正确，无可怀疑，也不敢有怀疑。倘若真的有人怀疑什么，那也只会是首先怀疑自己的立场观点是否有问题，岂敢怀疑“上面”有错？！因此，从审理工作一开始，人们就已经形成了共同的思维定式，一切审理、调查、取证工作，都是沿着这一思维定式进行的。二是那种阶级斗争愈来愈尖锐愈来愈复杂的理论观念已经“深入人心”，并且正指引着办案者们的思想与实践行动。很多人在思想方法上似乎已经染上了某种习惯性的病态，即所谓阶级斗争“不以人的主观意志为转移”，凡事宁可想得复杂些，“切不可书生气十足”云云；所谓“宁左勿右”，“左比右好”，“左是思想方法问题，右是立场问题”，等等。这些有害的病态思潮，当时也已经逐渐形成气候。三是参与办案的大多数干部来自根据地、来自基层，一般说来，社会生活阅历有限，历史文化素养欠缺，对在白区隐蔽战线上对敌斗争的特殊性及其复杂性认识不足，对于从事高层统一战线工作也缺乏理解。比如，潘汉年在敌占区深入日本情报机关获取了许多有战略情报价值的工作成绩往往被有意无意地忽视甚至被抹杀，而为了取得敌方的信任不能不适度地向敌方提供某些敌方感兴趣的情报资料的情况（这种情况在中外古今谍报史上比比皆是），则往往被看得极为严重甚至被夸大。潘汉年的“日本特务”帽子就是这么给戴上的。再比如，潘汉年作为中共谈判代表，1936年、1937年间和国民党的谈判代表陈立夫、张冲等有过多次接触。张冲虽是CC系的重要头目，但对国共合作态度却是比较积极真诚的。潘汉年为了争取统战工作的开展，同张冲有更多的交往和交谈。并且适当地向张介绍了陕北的某些并非属于机密的情况。可是办案者们却据此认定潘汉年“秘密投靠了CC派”，“成了国民党特务”。诸如此类今天看来是很幼稚可笑的问题，当初却是被正式写进了专案报告和判决书一类文件并由此而定罪量刑。

1957年年底，潘案审理结束后并没有依法移交检察司法机关宣判，而是长期被延搁着。直到1962年年初党的最高领导人在七千人大会上的讲话中顺便提到了这个案件，这才使潘案的处理有了依据：以言代法，言出法随。领导人是这么说的：“有个潘汉年，此人当过上海市副市长，过去秘密投降了国民党，是一个CC派人物，现在关在班房里头，但我们没有杀他。像潘汉年这样的人，只要杀一个，杀戒一开，类似的人都得杀。”这段话的语气似乎是宽容的，但却给原本是冤案的潘汉年再一次定了性：“CC派特务”可杀可不杀的人物。

正是根据这一讲话精神，潘汉年案终于在1963年1月由最高人民法院结案，潘被判有期徒刑15年，剥夺政治权利终身。

也是根据同样的精神，又陆续处理了其他类似的一些人物。1965年，扬帆被判有期徒刑16年，剥夺政治权利终身。也是1965年，胡风被判16年……

历史是曲折的，但毕竟又是公正的

1963年对潘汉年案的处理，是既有“最高指示”在先，又有最高人民法院的终审判决在后，按说是具有足够权威了。谁知历史风云变幻无常。三年后掀起的“文化大革命”风暴很快又将此案原判推翻。1967年春天，中央文革下令将潘扬案件重新审查，同时将已经假释出狱数年的潘、扬收监关押。具有讽刺意味的是，潘、扬原先的主要罪名之一，就是所谓“包庇掩护”了特务和反革命分子。现在，负责主持审理潘扬案件的公安部领导罗瑞卿、徐子荣等人却又被中央文革指控为“右倾包庇”了潘扬这样的“特务”、“反革命”。中央文革一伙原是靠“骂别人不革命以显示自己最革命”的极左衣钵起家的。他们另组专案机构又对潘、扬案进行了近三年时间的虐待性的审查。结果，1970年，在没有发现任何新材料、新问题的情况下，硬是将潘汉年改判无期徒刑，以表示他们和“文革”前办案者的区别，同时也更显示了他们最最革命的“英雄”本色。

1975年，潘汉年、扬帆分别被遣送到湖南洣江和湖北沙洋的劳改农场“监督改造”。

1975年5月，潘汉年、董慧夫妇被遣送到湖南茶陵县洣江茶场安置的住所。

1976年10月，历史经历了又一次的重大转折。当风暴过后，天空逐渐变得较为明朗时，潘汉年、扬帆都仿佛看到了一线新的历史曙光，从而萌发了新的希望。他们对于自己所遭遇的不公正的惩罚，过去就没有真正从思想深处接受，现在是更加不服了。于是他们开始为自己申诉，希望新时期党和国家领导机关能够实事求是地复查他们的案件，还历史以公正。

不过历史的转折与发展仍然有一个曲折过程。在一段时间内，“凡是派”在一系列问题上还起着主导作用。钦定的潘、扬案件岂能轻而推倒。潘、扬的申诉当然也就得不到及时的处理。不幸的是，经历了多年折磨，已经年逾古稀的潘汉年再也等不到拨乱反正的一天，终于在1977年4月含冤抱屈离开了人世。直到1978年年底党的十一届三中全会之后，拨乱反正，平反冤假错案工作才真正取得历史性的进展。潘、扬案件开始引起了高层人士的关注。

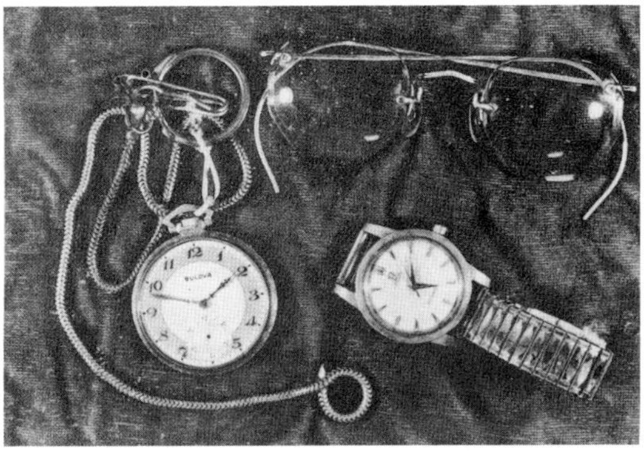

潘汉年使用过的眼镜、手表和怀表。

1981年，中共中央纪律检查委员会终于开始对潘、扬案件进行全面复查。经过一年半时间的艰巨工作，1982年8月，中共中央正式发出了《关于为潘汉年同志平反昭雪恢复名誉》的红头文件。宣布“撤销党内对潘汉年同志的原审查结论……为潘汉年同志平反昭雪、恢复党籍，追认潘汉年同志的历史功绩，公开为他恢复名誉”。文件对潘汉年的一生重新作出了高度的评价，指出：“潘汉年同志几十年的革命实践充分说明，他是一个坚定的马克思主义者，卓越的无产阶级革命战士，久经考验的优秀共产党员，在政治上对党忠诚，为党和人民的事业作出了重要贡献。”

1983年，中央对扬帆也同样作出了彻底平反。这为他安度晚年创造了有利条件。

曾经轰动一时，整整经历了28年之久的“潘汉年、扬帆反革命集团案”，如今早已烟消云散，真正成了一页属于过去的历史。然而这却是一页令人痛心、令人难忘的历史。对于我国公安政法战线而言，尤其不应该忘记这惨痛的教训。

1994年8月

日月不淹
春秋作序

伍修權
一九九五年六月

要知松高潔
待到雪化時

怀念潘漢年同志 不胜酸楚情

黄华

2017年再版后记

中共党史出版社为了弘扬中共在革命年代隐蔽情报工作战线上一批功绩卓著人物不惧艰险英勇奋斗的精神，决定选编出版一套反映其历史业绩的系列丛书。在这批人物中，潘汉年无疑是不可或缺的有代表性的一位。拙著《潘汉年的情报生涯》有幸被选择为该系列丛书之一，即将再版。这是一件好事，我自然表示支持。

只是这本书的写作时间距今已有近30年之久，其写作思路和主要内容以及基本观念是我在1988年夏季应公安大学出版社的约稿撰写《潘汉年传》时就已形成的。虽然在1996年应人民出版社之约，从《潘汉年传》中抽出其有关情报工作经历的章节单独出版时，我曾补充过某些史料和修正过个别不够准确的观点，但其主体和基调并没有改变。即使2011年出版社重印新版时，已经意识到这本书存在着一些明显的缺点和不足，也只是做一些零星的修补而未能有较大的修改。现在，时间又过了六七年，中共党史出版社要再版这本书，当我再一次审视这本旧作时，原先已经认识到的缺点和不足就更引人触目了。因为近30年来随着改革开放的深度和广度的不断推进，不仅有许多新的史料被发现，让我们扩大了视野和知识面，而且在历史学的理论与实践方面也获得了一定程度的提高。而这次再版，基于各种主客观因素的考量，我仍不可能对本书进行较大的修改。因此，我觉得有必要对这本书的缺点和不足再做一次概括性的自我评判，这对于读者的阅读应该是有助益的。

近30年前，即在1988年的夏季，我作为一位大学文学专业教师在接受撰写《潘汉年传》书稿时，我是把传主看作是一位知识分子出身，才华横溢的革命家，曾经为革命事业作过重要贡献的风云人物。又因为在1955年的春天，这位革命家在特殊的历史背景下竟被定下了“内奸”“反革命”两项骇人听闻的罪名，致使潘汉年蒙冤受难整整27载。直到1982年初，潘汉年已离世多年才得已平反昭雪。因此，我在写作《潘汉年传》时，首要的任务就是拨乱反正，要把所谓“颠倒的历史重新颠倒过来”。从主题立意到叙述描写，我都是把潘汉年当作英雄般的落难人物予以颂扬的。也正因此，对于潘汉年在革命年代的工作过程中的缺点和失误以及思想性格方面的弱点和缺陷就不够重视，多半采取了宽容、辩解甚至笔下留情加以谈论的态度，而缺乏应有的严肃的分析评判。或许更重要的一个因素是，在文体分类问题上，受当时颇为流行的“报告文学”影响，我将这本书定位为有些模糊不清的所谓“纪实作品”了。应当承认，当时我对“历史学”的概念根本就没认真关注，对史学理论与实践的知识所知甚少。实际上，史学与文学是既有交叉又有显著区别的。潘汉年作为一个重要的历史人物，而且还是一个政治人物，写作他的历史就不能忽视他在历史的进程中所起过的独特作用，其史学的价值也就不言而喻。从这个角度看，《潘汉年的情报生涯》就不能算是一本合格史学作品。例如书中运用了大量史料，其中大部分都没有注明资料的来源或出处。另一个问题是，历史学作品最重要的价值应该是“史料”本身。“有一分资料，才说一分话”（胡适语）。史论必须以史料为前提。按这样的要求，这本书的史论就不够严谨扎实。某些论断并没有充分的史料作依据，显得有些武断。总体看，这本书的史论有些过多，其中的某些论断也不够准确甚至不够客观公允，或者说是有些简单化绝对化了。这些都是要请读者明察并给予批评指正的。

尹骐

2017年7月于北京西城新华里社区